Martin Ludwig Hofmann

# Indian War

Der Fall des indianischen Bürgerrechtlers
Leonard Peltier

Atlantik

**Die Deutsche Bibliothek - CIP Einheitsaufnahme**
Hofmann, Martin Ludwig :
Indian War : der Fall des indianischen Bürgerrechtlers
Leonard Peltier / Martin Ludwig Hofmann. - Bremen :
Atlantik, Verl.- und Medienges., 2000
ISBN 3-926529-28-8



1. Auflage: Juli 2000

Elsflether Str. 29, D-28219 Bremen
Fon: 0421-382535 * Fax: 0421-382577
E-mail: atlantik@brainlift.de

Anhang: Interview aus Boulder Weekly, 09.03.2000
Aus dem Amerikanischen von Anna Katrin Gerhard
Umschlaggestaltung: Atlantik
Umschlagfoto: Leonard Peltier Defense Committee
Gesamtherstellung: Interpress Budapest


Atlantik ist Mitglied der Assoziation Linker Verlage aLiVe.

ISBN 3-926529-28-8

# Indian War

# Inhaltsverzeichnis

»Es war ein langer Krieg, und er ist noch nicht zu Ende.
Es ist der längste unerklärte Krieg der Geschichte.«

Dennis Banks,
Mitbegründer des *American Indian Movement*

# Prolog

Der 26. Juni 1975 war einer jener berüchtigten Sommertage im US-Bundesstaat Süd-Dakota, an denen schon am späten Vormittag die Sonne hoch am Himmel steht. Diese unerträgliche Hitze schien die Luft zum Flimmern zu bringen. Die Pine-Ridge-Reservation der Lakota-Indianer war in gleißendes Gelb getaucht. Schweißperlen benetzten die Körper der Bewohner, und die Quecksilbersäulen der Thermometer versuchten allem Anschein nach, einen neuen Höhenrekord aufzustellen. Unweit der südlichen Reservationsgrenze, im *Hacienda Motel* der kleinen Stadt Gordon, saßen zwei Männer auf der Veranda und frühstückten. Schweiß lief ihnen in kleinen Rinnsalen die Stirn hinunter, während sie aus billigen Pappbechern Kaffee tranken. Die beiden jungen Männer, Gerard Waring und Ronald Williams, waren *Special Agents* des FBI. Sie gehörten zu einer Einsatzgruppe, die in der nahegelegenen Reservation für Ordnung sorgen sollte. »Unruhestifter« und »Bürgerrechtler« hatten die Indianer aufgewiegelt, und es gab sogar Gerüchte, daß sich dort eine Keimzelle terroristischer Umtriebe befinde. Gewalt war in dieser Reservation an der Tagesordnung – in den letzten Jahren hatte dieser kleine Landstrich, der sich irgendwo in der Prärie der Vereinigten Staaten befindet, die höchste Kriminalitätsrate der USA. Höher noch als die der berüchtigten Bronx in New York. Doch das alleine hätte wahrscheinlich nicht den Einsatz von unzähligen US-Marshalls und etwa 60 FBI-Agenten gerechtfertigt, die im Umfeld der Reservation stationiert waren. Dieses Stück Land in der Einöde Süd-Dakotas war etwas Besonderes. Unter der kargen Oberfläche verbarg sich das »Gold des Atomzeitalters«: Uran. In den fünfziger Jahren wurde erstmals in den Black Hills, den Bergen westlich der Reservation, Uran entdeckt und bald auch abgebaut. 1971 hatte ein Erkundungssatellit weitere Uranablagerungen im Nordwesten der Reservation lokalisiert. Von dieser Entdeckung per Satellit wußte man allerdings 1975 in Süd-Dakota noch nichts.

Kurz nachdem die beiden FBI-Beamten ihren Kaffee ausgetrunken hatten, kam ein weiterer Mann auf die Veranda und setzte sich zu den beiden an den Tisch. *Special Agent* Jack R. Coler war eine athletische Erscheinung und noch recht jung, vielleicht Ende zwanzig. Freundlich lächelnd begrüßte er seine beiden Kollegen per Handschlag. Am Tag zuvor waren er und Williams auf der Reservation gewesen und hatten erfolglos einen jungen Lakota-Indianer gesucht. Jimmy Eagle, ein 19jähriger Bewohner der Reservation, soll bei einem Trinkgelage einem anderen Indianer die Cowboy-Stiefel gestohlen haben. Wahrscheinlich, so mutmaßten die beiden Agenten, halte er sich in einem Camp der indianischen Bürgerrechtsbewegung *American Indian Movement* (AIM) versteckt. Die indianischen Aktivisten und Aktivistinnen hatten auf dem Land des alten indianischen Ehepaares Harry und Cecilia Jumping Bull, nahe bei dem kleinen Ort Oglala, ein Lager errichtet. Was die »Unruhestifter« da trieben, wußte man nicht so recht. Es wurde viel spekuliert. In einem vertraulichen FBI-Dokument war sogar die Rede davon, daß paramilitärische Bunkeranlagen errichtet worden wären, was das FBI zu militärischen Gedankenspielen verleitete. Was auch immer in diesem Lager vor sich ging, die beiden FBI-Beamten beschlossen, dorthin zu fahren – jeder in seinem eigenen Wagen –, um ein zweites Mal nach Jimmy Eagle zu suchen.

Einige Zeit später, so etwa um 11:45 Uhr, hörte *Special Agent* Gary Adams, ein weiteres Mitglied der FBI-Einheit auf der Reservation, in seinem Autofunk die Stimme von Ronald Williams. Wahrscheinlich sprach Williams mit Jack Coler, als er sagte: »Da sind mehrere Typen bei dem Haus (...), und es sieht aus, als ob sie einen Abflug machen wollen. Sie gehen in den Pick-up.* Ich hoffe, du hast genug Sprit.« Etwas später sprach Williams ein weiteres Mal, diesmal vor Aufregung mit sich überschlagender Stimme: »Es sieht aus, als ob diese Kerle auf uns schießen wollen.« Kurz darauf hörte Adams über den Funk Gewehrschüsse – dann erneut die Stimme von Williams: »Wir sind getroffen!« Adams trat sofort auf das Gaspedal und fuhr nach Oglala, zu diesem Zeitpunkt war er etwa 15 Meilen entfernt. Unterwegs hörte er mehrfach Williams' Hilferufe: »Schickt uns Hilfe, oder wir werden getötet!« Williams' aufgeregte Funksprüche wurden auch im FBI-Büro in Rapid City empfangen, einer größeren Stadt in der Nähe der Reservation.

Auf dem Land des alten indianischen Ehepaars Harry und Cecilia Jumping Bull hatten sich in einfachen Holzhäusern und Zelten einige traditionalistische Lakota-Indianer und Aktivisten der indianischen Bürgerrechtsbewegung *American Indian Movement* niedergelassen. Als in den Monaten vor diesem 26. Juni 1975 die Gewalt auf der Reservation eskalierte und eine Serie ungeklärter Todesfälle die Reservationsbevölkerung tief verunsicherte, hatten die alten Häuptlinge

* Pick-up ist die amerikanische Bezeichnung für ein Auto mit Ladefläche.

und Stammesältesten von Pine Ridge die indianischen Aktivisten des AIM um Hilfe gebeten. Eine Gruppe um den AIM-Führer Dennis Banks errichtete deshalb dieses Camp auf dem Jumping-Bull-Gelände. Es sollte so etwas wie ein Knotenpunkt der indianischen Bürgerrechtsarbeit und Selbstverteidigung auf der Reservation werden. Darüber hinaus war es als Zentrum traditioneller Lakota-Spiritualität konzipiert.

An diesem heißen Sommertag, dem 26. Juni 1975, waren Harry und Cecilia Jumping Bull in die Stadt gefahren. Lebensmittel mußten eingekauft und Behördengänge erledigt werden. Eine junge Indianerin, die mit ihrer Familie im Haus der Jumping Bulls lebte, hörte am späten Vormittag »Feuerwerkskörper oder so etwas ähnliches«. Sie war gerade bei der Hausarbeit. Weil ihre kleinen Kinder draußen spielten, ging sie auf die Veranda, um nachzusehen, ob alles in Ordnung war. Ohne an etwas Schlimmes zu denken, schlenderte sie nach draußen. Auf der Auffahrt zum Jumping-Bull-Gelände sah sie zwei fremde Autos – und zwei weiße Männer. Einer der beiden Männer holte gerade ein Gewehr aus dem Kofferraum des einen Wagens. Der andere kniete hinter dem zweiten Auto und feuerte mit einer Pistole Schüsse ab. Voller Angst packte sie ihre Kinder und rannte mit ihnen ins Haus. Nachdem sie die Tür verschlossen hatte, blieb sie eine Weile in der Sicherheit des Hauses. Etwas später kletterte sie mit ihren Kindern durch ein auf der Rückseite gelegenes Fenster und flüchtete in Richtung Süden.

Inzwischen fand ein wilder Schußwechsel statt, unzählige der AIM-Aktivisten feuerten auf die beiden FBI-Agenten. Kurz nach 12 Uhr war einer der beiden Beamten so schwer verletzt, daß er aufgeben wollte. Der andere, der weniger schwer verwundet war, legte sein Gewehr nieder, zog sein weißes Hemd aus und schwang es wie eine weiße Fahne, bevor er es dem am Boden liegenden Kollegen als Verband um den Arm wickelte. Jack Coler war anscheinend schwer getroffen. Blut strömte aus der Wunde, und nach kurzer Zeit bildeten sich rote Stellen auf dem provisorischen Verband. Innerhalb der nächsten Minuten gingen ein oder mehrere AIM-Aktivisten zu den Autos und töteten die beiden FBI-Beamten durch Schüsse aus einem Schnellfeuergewehr.

Um 12:18 Uhr notierte das FBI-Büro in Rapid City: »*Special Agent* Gary Adams ist vor Ort und erlebt ein schweres Feuergefecht ... Ein roter Pick-up verläßt das Jumping-Bull-Gelände in Richtung Norden. Die Polizei in Pine Ridge wurde instruiert, diesen Pick-up zu stoppen.« Doch aus kaum erklärlichen Gründen sollte es nicht gelingen, dieses Auto aufzuhalten. Außer dem Pick-up verlassen unzählige Personen zu Fuß das Gelände. Die Indianer rennen über die Felder, kriechen durchs Unterholz und verschwinden in der Weite des Landes. Und das, obwohl immer mehr FBI-Agenten, Polizisten und selbst Vertreter der Nationalgarde zum Jumping-Bull-Gelände strömten. Die Nationalgarde führte an diesem Tag zufällig in den nahegelegenen Black Hills ein Manöver durch. Eigentlich war das gesamte Gebiet von bewaffneten Einsatzkräften umlagert, und dennoch gelang unzähligen AIM-Aktivisten die Flucht.

An diesem 26. Juni 1975 herrschte Krieg auf dem Jumping-Bull-Gelände. Seit mehreren Stunden waren nun schon Gewehrschüsse und Schreie zu hören. Gegen 14:00 Uhr versuchte eine Gruppe von FBI-Agenten und Stammespolizisten über einen kleinen Hügel zu steigen, um von dort aus den anderen Einsatzkräften flankierende Hilfe zu leisten. Auf der kleinen Anhöhe des Hügels befand sich eine Hütte. Die Gruppe brachte sich in Sicherheit und forderte die vermeintlichen Insassen der Hütte auf, herauszukommen: »Hier ist das FBI! Sie sind eingeschlossen. Kommen sie mit erhobenen Händen heraus! Es wird nicht geschossen.« In der Hütte hatten Joe Killsright Stuntz, ein junger AIM-Aktivist, und dessen Schwager Unterschlupf gesucht. Welche der beiden Gruppen das Feuer eröffnete, konnte nie geklärt werden. Wieder einmal siegte die Logik der Gewalt. Im einsetzenden Kugelhagel versuchten Stuntz und sein Schwager aus der Hütte zu fliehen, schossen selbst wie von Sinnen mit ihren Revolvern in die Gegend. Bei dem Fluchtversuch durchschlug eine Kugel den Kopf von Joe Killsright Stuntz – er war sofort tot. Sein Schwager ergab sich voller Verzweiflung den Einsatzkräften.

Zur gleichen Zeit bereiteten sich Leonard Peltier, Bob Robideau und Dino Butler fieberhaft auf ihre Flucht vor. Die drei AIM-Aktivisten sollten später – als Hauptverdächtigte – für die Ermordung der FBI-Agenten Coler und Williams verantwortlich gemacht werden. Unterhalb des Hügels, wo gerade Joe Killsright Stuntz tödlich getroffen worden war, beluden sie das Auto eines Freundes mit Kleidern, Schlafsäkken, Waffen und CB-Funkgeräten. Als sie den Wagen vollgeladen hatten, stellten sie fest, daß fast kein Benzin mehr im Tank war. Die Lage schien aussichtslos. Hoffnungslosigkeit machte sich breit. Minutenlang saßen sie zusammengesunken in dem Auto. Gewehrschüsse rissen die drei Aktivisten jedoch aus ihrer Lethargie. Sie packten ihre Waffen und machten sich mit einem letzten Anflug von Hoffnung zu Fuß auf den Weg. Während der Flucht schlossen sich weitere AIM-Aktivisten, darunter zwei Frauen, der kleinen Gruppe an, die durch das Unterholz kroch. Es war ein verzweifeltes Unterfangen – über ihnen flogen FBI-Hubschrauber, und nahezu jede Straße war inzwischen gesperrt worden. Stundenlang zogen sie durch Waldstücke, krochen durchs hohe Gras der Felder oder verbargen sich in Felsvorsprüngen. Als die Nacht hereinbrach, konnten sie sich endlich etwas schneller bewegen. Die Dunkelheit gab ihnen Schutz. Kurz nach Mitternacht, am Ende ihrer Kräfte angelangt, trafen sie einen Freund, der bereit war, ihnen zu helfen. Dieser Freund führte die Gruppe in die *Badlands*, ein unwegsames Gebiet im Nordwesten der Reservation, wo die Flüchtigen sich in einer abgelegenen Hütte etwas ausruhen konnten. Nach einer kurzen Pause teilte sich die Gruppe der Flüchtigen ... und die Spuren verloren sich.

Etwa um 16 Uhr waren die Leichen von Williams und Coler entdeckt worden. Colers Wagen war völlig zerstört. Die Scheiben waren zerschossen, überall lagen Scherben herum, die Fahrertür war geöffnet und die vier Warnblinker leuchteten in regelmäßigen Abständen. Nahe dem linken Hinterreifen lag *Special Agent* Coler, etwas näher beim Fahrerraum des Autos wurde Ronald Williams' Leiche gefunden.

Inzwischen waren über 150 bewaffnete Einsatzkräfte am Tatort, FBI-Agenten, Stammespolizisten, US-Marshalls, Nationalgardisten und Freiwilligenverbände weißer Rancher. Nach Angaben des später gegründeten *Leonard Peltier Defense Committee* verfügte »diese kleine Regierungsarmee« über ein Aufklärungsflugzeug, mindestens einen Helikopter und eine Einheit speziell ausgebildeter Scharfschützen. Gegen 18:00 Uhr stürmten die Einsatzkräfte die Häuser des Jumping-Bull-Geländes. Kugeln flogen durch die Luft, Fensterscheiben gingen zu Bruch und Tränengasgeschosse explodierten. Nach dem Sturmangriff machte sich eine Totenstille breit. Die Häuser waren leer, die AIM-Aktivisten unbemerkt entkommen.[1]

Diese tragischen Ereignisse des 26. Juni 1975 haben drei junge Menschen das Leben gekostet. Mehrere Personen wurden verletzt, das gesamte Gelände der Jumping Bulls verwüstet. Darüber hinaus waren diese Ereignisse nach Angaben vom *Leonard Peltier Defense Committee* das Startsignal für »die größte Menschenjagd der US-Geschichte«. Die Untersuchungen auf der Reservation, die der Schießerei folgten, wurden teilweise unter Anwendung von Gewalt durchgeführt. Vermeintliche und tatsächliche AIM-Sympathisanten wurden eingeschüchtert, Häuser gestürmt und Straßenbarrieren errichtet. Das Vorgehen war so rabiat, daß die *US Civil Rights Commission* von einer »Überreaktion des FBI« sprach.[2] Am Ende dieser »Jagd« wurde ein Mann für den Tod der beiden FBI-Agenten verantwortlich gemacht: Leonard Peltier. In einer Gerichtsverhandlung, deren Verlauf nach Ansicht der *International Commission of Jurists* Anlaß gebe zu der Annahme, »daß nicht alle Prinzipien einer rechtmäßigen Prozeßführung berücksichtigt wurden«,[3] verurteilte man ihn zu einer zweifachen lebenslangen Haftstrafe. Vorwürfe wurden laut, das FBI hätte Zeugen erpreßt, damit sie gegen Peltier aussagten. Eine vermeintliche Augenzeugin, Myrtle Poor Bear, gab zunächst an, sie hätte mit eigenen Augen gesehen, wie Peltier die beiden FBI-Agenten erschossen habe. Noch während der Gerichtsverhandlung widerrief sie ihre Aussage und erhob schwere Anschuldigungen gegen das FBI. *Special Agents* hätten sie eingeschüchtert und gedroht, ihren Familienangehörigen könne etwas zustoßen, wenn sie nicht gegen Peltier aussage. Außerdem soll Beweismaterial zurückgehalten worden sein, das Peltier entlastet hätte. Trotz dieser schweren Vorwürfe wurde der Fall Peltier nicht noch einmal neu aufgerollt. Der *Supreme Court*, das höchste Gericht der USA, lehnte ohne Begründung eine Verhandlung ab.

Leonard Peltier ist heute ein kranker Mann. 24 Jahre in den Zellen verschiedener Hochsicherheitsgefängnisse haben seine Gesundheit ruiniert. Bis heute gibt es keine eindeutigen Beweise dafür, daß er die beiden Morde begangen hat. Selbst Lynn Crooks, der als Staatsanwalt 1977 den Prozeß gegen Peltier führte, gab einige Jahre danach bei einer Anhörung zu Protokoll: »Wir wissen nicht, wer diese beiden Agenten getötet hat.« Es grenzt an Zynismus, daß angesichts solcher Statements eine Neuverhandlung abgelehnt wurde. Wenn weder durch Indizien noch durch Zeugenaussagen belegt werden kann, daß Peltier die beiden Agenten getötet hat, muß der schlichte Grundsatz eines jeden Rechtsstaats greifen: *in dubio pro reo,* im Zweifel für den Angeklagten. Aus diesem Grund reichte Ramsey Clark, ehemaliger Justizminister der USA, im November 1993 ein Gnadengesuch beim US-Präsidenten ein. Der Präsident der Vereinigten Staaten hat in begründeten Fällen das Recht, eine Begnadigung auszusprechen. Bis heute hat das Weiße Haus zu diesem Gesuch keine Stellung bezogen. In Anbetracht dieser Situation verabschiedete das Europäische Parlament am 15. Dezember 1994 eine »Entschließung zur Begnadigung von Leonard Peltier«. In dieser Resolution ist zu lesen: »Unter Hinweis auf das Eintreten von Leonard Peltier für die Achtung der Menschenrechte der amerikanischen Ureinwohner, (...) in der Erwägung, daß Amnesty International wiederholt Vorbehalte in bezug auf den Prozeß geäußert hat, der zur Verurteilung Leonard Peltiers geführt hat, sowie unter Hinweis darauf, daß er auf der Grundlage derselben Beweismittel für schuldig befunden worden ist, welche den Freispruch drei weiterer in den Tod der beiden FBI-Agenten verwickelter Personen bewirkt haben, (...) besorgt über die wiederholte Weigerung, den Fall Peltier wiederaufzurollen oder eine erneute Verhandlung anzusetzen, (...) fordert [das Europäische Parlament] (...) nachdrücklich seine Begnadigung durch den Präsidenten oder eine Umwandlung seiner Strafe [und] eine Untersuchung der juristischen Regelwidrigkeiten im Zusammenhang mit der Verurteilung Peltiers.« Diese Resolution wurde vom Europäischen Parlament mit der überwältigenden Mehrheit von 202 zu 24 Stimmen (bei 12 Enthaltungen) angenommen. Seit ihrer Verabschiedung sind mehrere Jahre vergangen – Jahre, in denen das Weiße Haus nicht reagiert hat; Jahre, in denen Peltier im Hochsicherheitsgefängnis von Leavenworth (Kansas) vor sich hinvegetierte. Auf die Frage, ob er sich nach so vielen Jahren an das Leben hinter Gittern gewöhnt habe, antwortete er: »Ich werde mich nie daran gewöhnen. Ich hasse jeden einzelnen Tag. Ich habe zwar keine Angst vor dem Tod, aber hier zu sterben, wäre das schlimmste für mich.«[4]

Was sind die Gründe dafür, daß jahrelang eine Neuverhandlung abgelehnt wurde, obwohl die Verfahrensfehler des Prozesses, in dem Peltier verurteilt wurde, offen zutage liegen? Warum reagiert der Präsident der Vereinigten Staaten nicht auf das Gnadengesuch eines ehemaligen US-Justizministers?[5] Was waren die Gründe, derentwegen die FBI-Agenten zum Camp der indianischen Aktivisten gefahren sind? Der Diebstahl eines Paares Cowboy-Stiefel ist eine recht fragwürdige Erklärung. Das FBI ist die Bundespolizeibehörde der USA, zuständig für schwerwiegende, die innere Sicherheit betreffende Delikte. Der einfache Diebstahl von Gegenständen geringen Wertes gehört in der Regel nicht in ihren Kompetenzbereich, dafür sind die Polizisten und Sheriffs in den einzelnen Bundesstaaten zuständig. Im Fall des Reservationsindianers Jimmy Eagle wäre es Aufgabe der Stammespolizei gewesen, dem Diebstahl nachzugehen. Warum also kümmerte sich das FBI um diese Bagatelle? Fragen über Fragen...

Um etwas Licht in diesen seltsam anmutenden Fall zu bringen, muß man ihn in einen größeren Kontext stellen. Denn die Hintergründe des juristischen Tauziehens um Leonard

Peltier wird nur verstehen, wer die Geschichte der indianischen Bürgerrechtsbewegung *American Indian Movement* kennt. Die Anliegen der indianischen Bürgerrechtler können wiederum nur diejenigen nachvollziehen, die etwas über die soziale und politische Situation der amerikanischen Ureinwohner in den USA erfahren haben. Die sozialen und politischen Bedingungen, unter denen die Indianer in Nordamerika ihr Leben einrichten müssen, können exemplarisch an der Biographie Leonard Peltiers veranschaulicht werden. Hier schließt sich der Kreis. Peltier ist in der Tat zu *der* Integrationsfigur indianischen Selbstbewußtseins geworden. »Leonard Peltier ist die stärkste Stimme der Indianer. Er wird nicht nur in Nordamerika gehört, sondern auch in Mexiko, Panama, Guatemala, Honduras, Chile – auf beiden amerikanischen Kontinenten«, sagt Bobby Castillo, eine der gegenwärtigen Führungspersönlichkeiten des *American Indian Movement*.[6] 1992 nominierte das *International Indian Treaty Council* (IITC), ein panindianischer Zusammenschluß verschiedener indigener Stämme, Leonard Peltier als Kandidaten für den Friedensnobelpreis. »Leonard Peltier ist unser Nelson Mandela«, begründeten sie ihre Wahl. Ein Zettel an der Wand im Büro des *Leonard Peltier Defense Committee* in Kansas verdeutlicht in ähnlicher Weise Peltiers zentrale Rolle für das Selbstverständnis heutiger Indianer: »I want him free, so that I can live again« – »Ich möchte, daß er freikommt, damit ich endlich wieder leben kann.«

# Erster Teil

## Die indianische Bürgerrechtsbewegung

# 1. Wie alles begann

## Leonard Peltier – ein typisches indianisches Leben

Peltier ist mit seinen 55 Jahren heute ein kranker und früh gealterter Mann. Fast die Hälfte seines Lebens verbrachte er in Zellen von Hochsicherheitsgefängnissen. Zunächst in Marion (Illinois), dann in Lompoc, das nördlich von Los Angeles liegt, anschließend wieder in Marion und schließlich seit 1985 im Hochsicherheitsgefängnis von Leavenworth (Kansas). Der Gefangene Nr. 89 637-132 ist wohl der berühmteste der fast 2000 Insassen in Leavenworth. Er ist vielleicht sogar der bekannteste Häftling der USA. Weltweit haben Menschen am Schicksal des großgewachsenen Indianers Anteil genommen. Photos des übergewichtigen Mannes, der sein schwarzes Haar – wie alle traditionalistischen Indianer – lang trägt, waren in allen großen Zeitungen, nicht nur in den USA, im Laufe der Jahre zu sehen. Ein ermüdetes, aber dennoch freundliches Gesicht, volle Wangen, ein dichter schwarzer Schnurrbart und die wachen Augen – so blickte er, auf Unterstützung hoffend, aus dem grauen Zeitungspapier in die Gesichter von Millionen von Lesern. Geändert hat sich an seiner Situation bislang jedoch nichts. Wenn ihn der Präsident der Vereinigten Staaten nicht begnadigt, muß er bis zum Jahr 2041 hinter Gittern bleiben. Er wäre dann 97 Jahre alt. Wahrscheinlich würde er dieses Datum nicht erleben.

In der *Süddeutschen Zeitung* war über Peltier zu lesen: »Es ist die traurige Geschichte eines Mannes, aber gleichzeitig die eines ganzen Volkes.«[7] Und tatsächlich reflektiert sich im Werdegang Peltiers die Situation der Mehrzahl der indianischen Ureinwohner in den USA. Es war ein Leben in entwürdigender Armut, das Peltier seit seiner frühesten Kindheit kennenlernen mußte. Am 12. September 1944 wurde er in Montana als Sohn von Leo und Alvina Reabeduex geboren. Aufgewachsen ist er in der Turtle-Mountain-Indianerreservation in Nord-Dakota. Sein Vater, ein verwundeter Kriegsveteran, bekam monatlich 40 Dollar Rente. Davon eine Familie zu ernähren, war unmöglich. Deshalb versuchte der Vater, die Familie durch Gelegenheitsarbeiten über Wasser zu halten. Als der kleine Leonard vier Jahre alt war, ließen sich seine Eltern scheiden – Peltier kam daraufhin in die Obhut seiner Großeltern. Auch hier erlebte er einen Lebensstandard, der eher dem eines Entwicklungslandes als dem der mächtigsten Industrienation der Erde entsprach: »Wir lebten in einer kleinen Blockhütte (...), wir hatten kein fließendes Wasser und keinen Strom in unserem Haus. Das Wasser holten wir jeden Tag aus einer Quelle, die ungefähr fünf Meilen entfernt lag.«[8] Vier Jahre danach, Leonard war inzwischen acht Jahre alt, starb sein Großvater. Die Großmutter versuchte daraufhin, Leonard und seine beiden kleinen Geschwister alleine durchzubringen. »Meine Großmutter hatte niemanden. Sie konnte kaum Englisch sprechen, lebte in Armut, versuchte aber, drei kleine Kinder großzuziehen – eine wirklich bewundernswerte Frau«, erinnerte sich Peltier Jahre später an seine Kindheit. Ihr aufopferndes Engagement überforderte die alte Frau jedoch bald. Hilfesuchend wandte sie sich an das *Bureau of Indian Affairs*. Kurze Zeit später kamen die drei Kinder in die Internatsschule von Wah-peton (Nord-Dakota).

Im Alter von 14 Jahren verließ Peltier die Schule und zog zu seiner Mutter. Doch da auf der Indianerreservation keine

Arbeit zu finden war, ging er in die großen Städte, zuerst nach Portland, dann nach Seattle. Dort schlug er sich mit Gelegenheitsjobs durch, bis er 1964 Teilhaber einer kleinen Karosseriewerkstatt wurde. Im gleichen Jahr heiratete er Sandy Martinez.

Doch das einigermaßen geregelte Leben hatte bald ein Ende. Die Werkstatt mußte Konkurs anmelden, und 1968 ließen sich Sandy Martinez und Peltier scheiden. Die Städte erlebten jene Ära des Aufbegehrens und Protests, die als sogenannte »Studentenrevolte« Einzug in die Geschichtsbücher hielt. Die studentische Jugend rebellierte gegen den Vietnam-Krieg, die schwarze Bürgerrechtsbewegung kämpfte erfolgreich für ihre Rechte, und auch Indianer machten zum ersten Mal seit sehr langer Zeit mit spektakulären Aktionen auf ihre Situation aufmerksam. Peltier, der entwurzelt zwischen den Indianer-Ghettos verschiedener Großstädte hin und her pendelte, geriet in den Sog dieser neuen Indianerbewegung. Er begann, sich bei Protestaktionen für indianische Fischfangrechte zu engagieren, nahm 1970 an der Fort-Lawton-Besetzung in Oregon teil und trat im gleichen Jahr dem *American Indian Movement* bei. Kurz darauf zog er in die Pine-Ridge-Reservation der Lakota-Indianer (Süd-Dakota), wo er eng mit Dennis Banks, einem der Gründungsväter des AIM, zusammenarbeitete. In dieser Zeit wurde er so etwas wie der Finanzverwalter des *American Indian Movement*.

1972 organisierte er den »Milwaukee-Caravan« des *Trail of Broken Treaties*, eines Protestmarsches nach Washington, an dem Indianer aus allen Gebieten der USA teilnahmen. Mit diesem Marsch sollte auf die Mißachtung der den Indianern vertraglich zugesicherten Rechte hingewiesen werden. Am 22. November 1972 kam Peltier, der sich inzwischen zu einem relativ bekannten Indianer-Aktivisten entwickelt hatte, zum ersten Mal mit dem Gesetz in Konflikt. In Milwaukee

(Wisconsin) wurde er verhaftet und des versuchten Mordes angeklagt. In einem Restaurant hatte es mit Polizisten Streit gegeben, die dort gerade ihren Feierabend verbrachten. Was sich dort genau zutrug, wer wen provoziert hatte, konnte nie rekonstruiert werden. Nach Angaben des von Peltier bedrohten Polizisten (der, wie gesagt, nicht im Dienst war) soll Peltier eine Pistole gezogen und zwei Mal auf ihn gezielt und abgedrückt haben, ohne daß sich jedoch ein Schuß gelöst hätte. Peltier dagegen gab an, daß die defekte Pistole während des Wortwechsels aus seinem Hosenbund gerutscht und auf den Boden gefallen sei. In Richtung des Polizisten gezielt und abgedrückt habe er nicht. Schließlich habe er ja gewußt, daß die Waffe nicht funktionsfähig war. Spätere polizeiliche Untersuchungen ergaben, daß die Pistole sich tatsächlich in einem defekten und unbrauchbaren Zustand befand.[9] Zunächst wurde Peltier jedoch des versuchten Mordes angeklagt. Gegen eine recht geringe Kaution wurde er allerdings nach der Anklageerhebung bis zum Beginn der Gerichtsverhandlung aus der Haft entlassen.

Wenige Monate danach sorgte das AIM für einen »Paukenschlag«. Im Frühjahr 1973 besetzten AIM-Aktivisten und traditionalistische Lakota-Indianer den kleinen Ort Wounded Knee, der sich im Süden der Pine-Ridge-Reservation befindet.* Über die Dauer von 72 Tagen hielten die indianischen Aktivisten die kleine Gemeinde besetzt. Dabei waren sie die ganze Zeit über von einer regelrechten »Armee« umlagert, die aus US-Marshalls, FBI-Beamten und Polizisten bestand. Hubschrauber, kleine Panzer und Scharfschützen waren in Stellung gebracht worden, um die indianischen Besetzer zur Aufgabe zu zwingen. Zwischenzeitlich eskalierte die Situati-

* Die Ereignisse der spektakulären Wounded-Knee-Besetzung werden in einem folgenden Kapitel ausführlich geschildert.

on, und bürgerkriegsähnliche Szenen wurden über das Fernsehen in die ganze Welt ausgestrahlt. Zwei Indianer starben bei den Schußwechseln, unzählige Personen, Indianer und weiße Polizisten, wurden verletzt. Die Wounded-Knee-Besetzung war die aufsehenerregendste Aktion der indianischen Bürgerrechtsbewegung. Nach diesen Ereignissen wurde das *American Indian Movement* vom FBI als subversive Vereinigung eingestuft. Gegen insgesamt 130 Indianer wurde im Zusammenhang mit der Wounded-Knee-Besetzung Anklage erhoben.[10] Die Stimmung war in den gesamten USA spannungsgeladen, und die AIM-Aktivisten, die sich inzwischen einen festen Ruf als »Unruhestifter« erworben hatten, waren den Ordnungshütern ein Dorn im Auge. Peltier war damals nicht unter den Besetzern gewesen, weshalb er sich in den folgenden Wochen frei bewegen konnte.

Am 9. August 1974 fand in Milwaukee die Gerichtsverhandlung wegen der Anklage des versuchten Mordes bei der Restaurant-Streitigkeit im November 1972 statt. Da Peltier nicht zum Prozeß erschien, wurde ein Haftbefehl gegen ihn erlassen. Er war damit bundesweit zur Fahndung ausgeschrieben und galt als »flüchtige Person«. Auch das FBI hatte bereits ein Auge auf ihn geworfen. In FBI-Akten wurde er inzwischen als »AIM-Manager« geführt, eine Funktion, die beim AIM allerdings nie existierte. – Als kleiner Nachtrag kann hier angefügt werden, daß die Verhandlung wegen dieser Anklage 1978 stattfand, zu einer Zeit, als Peltier bereits für den Tod der zwei FBI-Agenten während des Feuergefechts bei Oglala verantwortlich gemacht worden war. Vom Vorwurf des versuchten Mordes an dem Polizisten in Milwaukee wurde er damals freigesprochen.

Trotz der laufenden Fahndung engagierte sich Peltier weiterhin intensiv für das *American Indian Movement*. Im September 1974 schien die Situation in Idaho zu eskalieren, als die Kootenai-Indianer der US-Regierung »den Krieg erklärten«. Peltier machte sich mit einigen anderen AIM-Aktivisten auf den Weg, um die Kootenai zu unterstützen. Am 20. September 1974 wurde er während dieser Reise bei Mercer Island (Washington) unter dem falschen Namen Leonard Little Shell festgenommen und wegen unerlaubten Waffenbesitzes angeklagt. Da er wußte, daß er bundesweit zur Fahndung ausgeschrieben war, erschien er auch dieses Mal nicht zur Gerichtsverhandlung. Statt dessen tauchte er unter und lebte fortan im Untergrund der indianischen Großstadt-Ghettos. Im Frühjahr 1975 erhielt Peltier einen Hilferuf seines Freundes Dennis Banks, der in Pine Ridge versuchte, die traditionalistischen Lakota vor Übergriffen zu schützen. Während Peltier unerkannt nach Pine Ridge übersiedelte, veröffentlichte das FBI einen Steckbrief mit seinem Photo – auf dem Fahndungsplakat wurde er als »bewaffnet und gefährlich« charakterisiert.

In Pine Ridge war Peltier am Aufbau des AIM-Camps in der Nähe der kleinen Ortschaft Oglala beteiligt – jenem Camp, das wenige Wochen später zum Schauplatz des berüchtigten Feuergefechts zwischen dem FBI und AIM-Aktivisten werden sollte. Dieses Camp wurde vom FBI mit wachsendem Argwohn betrachtet. Die Bundespolizei wußte nicht, was dort vor sich ging, und gerade dieses Nicht-Wissen hat die Spekulationen über mögliche terroristische Umtriebe wohl noch befördert. In einem vertraulichen FBI-Dokument mit dem Titel »The Use of Special Agents of the FBI in a Paramilitary Law Enforcement Operation in the Indian Country«* war sogar von »Bunkeranlagen« die Rede; unter-

* »Der Einsatz von Spezial-Agenten des FBI bei einer paramilitärischen Operation der Strafverfolgungsbehörden auf Indianerland«.

irdischen Bunkern, die von den Indianer-Aktivisten errichtet worden wären. Für die Erstürmung dieser Anlagen, so das FBI-Dokument, könnte es unter Umständen notwendig werden, »militärische Angriffsverfahren« zu verwenden. Allerdings wurde nach dem Feuergefecht vom 26. Juni 1975 festgestellt, daß solche »Bunkeranlagen« nie existiert haben.[11] Peltier sagte Jahre später: »Es war kein bewaffnetes Militärcamp, in dem terroristische Pläne ausgeheckt wurden. Es war ein spirituelles Camp, das da war, um Dennis (Banks) und die Lakota zu unterstützen.«[12]

Leonard Peltier war kein »Friedensapostel«, kein Pazifist, wie manche seiner Unterstützer glauben machen wollen. Er war einer jener »wütenden jungen Männer«, die in den sechziger und siebziger Jahren gegen die Ungerechtigkeiten, die ihnen entgegenschlugen, vorgehen wollten. Dabei war er durchaus bereit, die Gewalt, die er tagtäglich erleben mußte, notfalls mit Gewalt zu beantworten. Eine der Legenden, die sich inzwischen um Leonard Peltier ranken, besagt, daß er als Junge an einem Treffen der Bewohner seiner Reservation teilgenommen habe. Eigentlich wollte er nur kurz vorbeischauen, weil es dort etwas zu essen gab. Gerade als er sich den Mund vollgestopft hatte, stand eine alte Indianerin auf und fragte voll Verbitterung: »Wo sind unsere Krieger? Warum erheben sie sich nicht und kämpfen für ihr hungerndes Volk?« Auf den jungen Leonard soll diese alte Frau und ihre Frage einen tiefen Eindruck gemacht haben. Er, so besagt es die Legende, soll sich damals geschworen haben, ein Krieger zu werden, einer, der seinen Leuten hilft. Ob sich diese kleine Geschichte tatsächlich so zugetragen hat oder ob sie ein Produkt der einsetzenden Verklärung der Person Peltiers ist, kann kaum geklärt werden. Es ist allerdings auch vollkommen unerheblich, ob sie der Wahrheit entspricht oder nicht.

Wovon diese Geschichte erzählt, das ist die Bereitschaft Peltiers, sich für seine Leute einzusetzen – notfalls auch mit Gewalt.

Aber ist er deswegen ein »gewalttätiger Mann mit einer gewalttätigen Vergangenheit«, wie das FBI behauptet?[13] Läßt sein Leben den Schluß zu, daß es sich bei ihm um einen eiskalten Mörder handelt? Um Peltiers Werdegang verstehen zu können, muß man ihn in einen größeren Kontext stellen. Und man muß die Geschichte der indianischen Bürgerrechtsbewegung *American Indian Movement* kennen, diese Geschichte aus Gewalt und Gegengewalt, wenn man verstehen will, wie es zu dem folgenschweren Feuergefecht bei Oglala kommen konnte.

## Die Anfänge der indianischen Bürgerrechtsbewegung

Die Geschichte des *American Indian Movement* beginnt im Jahr 1968, jenem Jahr, das zumindest in der westlichen Welt zum Synonym der sogenannten Studentenrevolte geworden ist. Politisierte Studenten schreckten in den sechziger Jahren das Establishment auf – in Paris, Frankfurt, Berlin, Berkeley, New York, Washington und vielen anderen Städten der Welt fanden teils spontane, teils wohlorganisierte Demonstrationen statt. Studentenführer hielten auf den öffentlichen Plätzen der großen Städte Reden über eine bessere Welt und den Weg, der zu ihr führen sollte. In den USA errang die schwarze Bürgerrechtsbewegung nachhaltige Erfolge. Und wahrscheinlich ist es kein Zufall, daß sich gerade in dieser unruhigen Zeit die wohl bekannteste kulturelle, spirituelle und politische Widerstandsbewegung nordamerikanischer Ureinwohner bildete.

Im Sommer 1968 fand in Minneapolis, der Hauptstadt des US-Bundesstaats Minnesota, eine Versammlung von etwa 200 Indianern statt, deren Ziel es war, eine indianische Bürgerrechtsbewegung zu gründen. Diese Organisation sollte zunächst *Concerned Indians of America* heißen. Doch als man bemerkte, daß die Kurzform dieses Namens CIA lautete, also jenem Kürzel entsprach, das den amerikanischen Auslandsgeheimdienst bezeichnet, einigten sich die anwesenden Indianer auf den Namen *American Indian Movement* – AIM. Bereits vor und während der Gründungsversammlung agierten Dennis Banks, Eddie Benton Banai, Clyde Bellecourt und George Mitchell als Führungspersönlichkeiten der neuen Bewegung.[14] Die vier Ojibway-Indianer waren Ex-Häftlinge und allesamt Opfer brutaler Polizeiwillkür gewesen. Um gegen diese Willkür anzukämpfen, hatten sie in Minneapolis eine Straßen-Patrouille gegründet, die *Minneapolis-Patrol*, aus der kurz darauf das AIM hervorgehen sollte. Die Patrouille hörte Polizeifunk ab, folgte der Polizei auf Motorrädern bis zu deren Einsatzorten und filmte die anschließenden Verhaftungen. Anlaß für diese Patrouille war der überproportional hohe Anteil von Indianern in den Gefängnissen der Stadt. Zu dieser Zeit stellten Indianer in Minneapolis etwa 70 Prozent der Gefängnisinsassen, obwohl sie nur etwa 10 Prozent der Bevölkerung ausmachten. Solch ein krasses Mißverhältnis kann viele sozio-ökonomische Gründe haben – die indianischen Aktivisten, die am eigenen Leib erfahren hatten, was es bedeutet, Opfer des Rassismus zu sein, wollten den vielen klugen Erklärungen von Soziologen und Sozialarbeitern allerdings nicht unbesehen glauben. Deshalb rüsteten sie sich mit Kameras und Motorrädern aus und begannen ihre Einsätze. »Der Erfolg blieb nicht aus. An den 22 Wochenenden nach Gründung der Indianerstreife gab es in Minneapolis keine Verhaftungen von Indianern mehr«[15], schreibt der Ethnologe Dr. Axel Schulze-Thulin über die durchschlagende Wirkung dieser Einsätze. Doch der Erfolg hatte seinen Preis: Während dieser schwierigen Anfangsphase wurden die AIM-Aktivisten mehrere Male von Polizeibeamten niedergeschlagen, und Clyde Bellecourt, eine der Führungspersönlichkeiten des AIM, leidet noch heute an den Folgen eines nicht richtig verheilten Kieferbruchs.

»Wir haben einfach versucht, den Leuten zu zeigen, daß jemand sich um sie kümmert«, erklärt Bellecourt die Motivation dieser frühen Anfangstage des wiedererstarkten indianischen Selbstbewußtseins. Die damalige Taktik der jungen Indianerbewegung bestand aus einem Mix verschiedener Elemente, wobei vor allem die Kontrolle von Polizeiaktionen, Einrichtung von Rechtsberatungsstellen und schließlich die Vermittlung eines Gemeinschaftsgefühls zu nennen sind. Während den AIM-Aktivisten später – teilweise zu Recht – ihre Militanz vorgeworfen wurde, muß man feststellen, daß das AIM von Anfang an auch eine breitgefächerte soziale Hilfstätigkeit ausübte. Die *Minneapolis-Patrol* war nur ein Arbeitsbereich neben vier anderen: Hilfe bei Arbeitsplatzsuche, Hilfe bei Problemen während der Ausbildung, Hilfe bei Wohnungssuche und Hilfe bei Suchtproblemen. Außerdem wurde das »Legal Rights Center« gegründet, die bereits erwähnte Rechtsberatungsstelle, die jedoch nicht nur beratend aktiv wurde, sondern Indianern auch Rechtsbeistand bot. Die Sozialdienste und die Rechtsberatung wurden damals sogar mit Spenden kirchlicher Gruppen und mit Staatsgeldern unterstützt.

## Tiefergehende Wurzeln des Widerstands: Relocation and Termination

Selbstverständlich sind die tatsächlichen Wurzeln des *American Indian Movement* wesentlich tiefer in der Geschichte der Vereinigten Staaten verankert, als es das Gründungsdatum 1968 vordergründig glauben macht. Die Kriminalisierung und die Ghettoisierung von Indianern in Großstädten der USA in der zweiten Hälfte des 20. Jahrhunderts können eher als Auslöser der Selbstorganisation des politischen Widerstands bezeichnet werden, denn als Ursache, gleichsam als Tropfen, der das ohnehin volle Faß zum Überlaufen brachte. Um den eigentlichen Gründen nachzuspüren, muß man weit in die amerikanische Geschichte zurückgehen. Man muß die sogenannten Indianerkriege der US-Kavallerie des 19. Jahrhunderts erwähnen, die unzähligen Verträge, die zwischen den USA und verschiedenen Indianerstämmen geschlossen worden waren, um kurz darauf von den weißen Einwanderern wieder gebrochen zu werden. Man muß an das Massaker von Wounded Knee erinnern, wo im Winter 1890 eine Gruppe von mehreren hundert erschöpften und entwaffneten Lakota-Indianern, die sich um den alten Häuptling Big Foot geschart hatte, von der 7. US-Kavallerie erschossen wurde. Mit Wounded Knee, so wird gemeinhin dargestellt, war der indianische Widerstand in den USA endgültig gebrochen. Und tatsächlich fanden in der Folgezeit keine kriegerischen Auseinandersetzungen zwischen Indianern und US-Soldaten mehr statt – die Indianer waren in die Reservate verbannt und fristeten ihr Dasein in relativer Armut. Das »Indianerproblem« war für die Mehrheit der weißen amerikanischen Gesellschaft weitgehend hinter Reservationsgrenzen versteckt.

Im 20. Jahrhundert änderte sich die Politik der US-Regierung gegenüber der indianischen Bevölkerung. Die Zustände in den Reservationen wurden als untragbar empfunden, so daß in den fünfziger Jahren unter der Leitung des ehemaligen Direktors der US-Kriegsumsiedlungsbehörde, Dillon Myer, ein neues Konzept erarbeitet wurde: die Politik der *Relocation and Termination* (Umsiedlungs- und Beendigungspolitik). Beide Elemente, Umsiedlungs- und Beendigungspolitik, müssen im Grunde genommen als Zwillinge verstanden werden, als zwei Seiten einer Medaille. Ziel beider Ansätze war es, das »Indianerproblem« in den Griff zu bekommen. Die Armut sollte bekämpft, die verschiedenen indianischen Kulturen assimiliert und die Bevölkerungszahl der Reservationsindianer tendenziell verringert werden. Im Grunde genommen war dies nichts anderes als eine aggressiv verfolgte Politik des *melting pot*, des Schmelztiegels, deren Ziel es war, eine einigermaßen einheitliche nordamerikanische Kultur und Gesellschaft zu schaffen. Und nur in diesem Kontext, im Kontext des *melting-pot*-Gedankens, ist zu verstehen, warum seit dem Ende des 19. Jahrhunderts immer neue Anläufe gemacht wurden, die indianischen Kulturen zu vernichten und die Indianer zu »weißen Amerikanern mit roter Hautfarbe« zu machen.

Das Grundprinzip des neuen politischen Konzepts der *Relocation* bestand darin, die arbeitsfähigen Menschen, die in den Reservationen arbeitslos waren, in die Städte zu bringen, also umzusiedeln. Arbeitsvermittlungsbüros wurden eingerichtet und Geld für die Reisekosten bereitgestellt. Durch diese Umsiedlung in die Städte erhoffte sich das *Bureau of Indian Affairs* (BIA), die für Indianerangelegenheiten zuständige US-Behörde, eine langsame, aber stetige Verringerung der Reservationsbevölkerung und ein gleichzeitiges Loslösen der »Stadtindianer« aus ihrer alten Kultur. Was sich in der Theorie noch halbwegs nachvollziehbar anhört, führte in der Praxis zu verheerenden Ergebnissen. Die oft schlecht ausgebildeten Indianer kamen in die Städte und hatten kaum Gelegenheit, mehr als eine Hilfsarbeitertätigkeit auszuführen. Miserable Arbeitsbedingungen und schlechte Bezahlung kennzeichneten die Situation der Mehrzahl der in die Städte umgesiedelten Indianer. Darüber hinaus waren sie teilweise offener Diskriminierung ausgesetzt. »Dort in Minneapolis, wie auch in anderen Gebieten der USA, stehen Indianer innerhalb der Sozialstruktur ganz unten«, beschrieb Eddie Benton Banai, eines der AIM-Gründungsmitglieder, damals die Situation.[16] Viele der Stadtindianer, die von der Armut und dem alltäglichen Rassismus gebrochen waren, versuchten, wieder in die Reservation zurückzukehren – doch vielen gelang die Rückkehr nicht, da sie schon in einen Strudel von Armut, Haß, Alkohol und Gewalt gezogen worden waren.

Neben dieser *Relocation* wurde die *Termination* vorangetrieben. Im Zentrum dieser Beendigungspolitik stand das Ziel, die Anzahl indianischer Menschen zumindest nicht zunehmen zu lassen. Ein besonders brutales Element war dabei die Sterilisierung indianischer Frauen. Nach Angaben von Dr. Ingrid Wurche wurden allein im Jahr 1975 mehrere tausend indianische Frauen im Alter zwischen 15 und 40 Jahren vom *Indian Health Service*, der für die indianische Bevölkerung zuständigen US-Gesundheitsbehörde, sterilisiert.[17] Diese Praxis der Sterilisierung indianischer Frauen wurde in der offiziellen Sprache der US-Behörden lapidar als »Familienplanung für Indianer« umschrieben. Dr. Ingrid Wurche führt dazu aus: »Seit den 70er Jahren praktizierten der *Indian Health Service* – ein öffentlicher staatlicher Gesundheitsdienst in den USA – sowie andere medizinische Institutionen der USA an der indianischen Reservationsbevölkerung das sogenannte *zero population growth*. Dieses sogenannte ‚Nullwachstum' wird auch als ‚Familienplanung' umschrieben. Hinter dem Begriff ‚Familienplanung' verbirgt sich die Sterilisation indianischer Reservationsbewohner.«[18]

Die Sterilisationen wurden meistens ohne Wissen und Einverständnis der betroffenen Frauen durchgeführt. Oft fanden sie nach Geburten oder Schwangerschaftsuntersuchungen statt, was zu der fatalen Entwicklung führte, daß schwangere Frauen zunehmend Arztbesuche verweigerten und ohne Beistand von Ärzten, Hebammen oder Geburtshelfern ihre Kinder zur Welt brachten. Ted Means, einer der bekanntesten AIM-Führer der Pine-Ridge-Reservation, hat aus diesem Grund Anfang der achtziger Jahre begonnen, Pläne für ein selbstverwaltetes indianisches Krankenhaus auszuarbeiten. Von 1982 an versuchte er, zusammen mit Freunden Spenden für dieses Projekt zu sammeln. Fünf Jahre danach wurde dann in dem kleinen Ort Porcupine, der in der Pine-Ridge-Reservation gelegenen Heimatgemeinde von Means, der erste Spatenstich vollzogen. 1989 war der Krankenhausbau vollendet – wobei »die meiste Arbeit am Bau dieser Klinik von den Lakota-Indianern selbst gemacht« worden war, wie Means nicht ohne Stolz betont. Im Jahr 1992 hat die Klinik dann endlich ihren Betrieb aufgenommen, ist seither für die medizinische Grundversorgung weiter Teile der Reservation zuständig und unterrichtet indianische Frauen in Geburtshilfe. »Doch der größte Wert dieser Klinik ist psychologischer Natur«, führt Ted Means aus, der inzwischen Verwaltungsdirektor des Krankenhauses ist. Die Bedeutung der eigenhändigen und selbständigen Errichtung der Klinik für das Selbstbewußtsein der beteiligten Reservationsbewohner könne gar nicht hoch genug veranschlagt werden, meint er.

## Survival-Schools, ein Beispiel des praktizierten kulturellen Widerstands

Ein weiteres Element der Beendigungspolitik, das schon vor ihrer eigentlichen Formulierung seit Anfang dieses Jahrhunderts angewendet wurde, war der Versuch, indigene Kulturen durch die Art und Weise der Schulausbildung indianischer Kinder zu vernichten. Die meisten Kinder wurden im Alter von fünf Jahren von ihren Eltern getrennt und in Internatsschulen »umerzogen«. Die Internate waren meist Missionsschulen, in denen Priester und Nonnen ein strenges Regiment führten. Einmal aus ihrem familiären und kulturellen Umfeld herausgerissen, wurde den Kindern systematisch alles »Indianische« aberzogen. Die traditionell langen Haare wurden abgeschnitten, die Religion ihrer Ahnen wurde lächerlich gemacht und als Aberglaube diffamiert, und den Kindern wurde verboten, ihre Muttersprache zu sprechen. Wer sich nicht an das Verbot hielt, wem versehentlich ein indianisches Wort herausrutschte, bekam den Mund mit Seife gewaschen und wurde oft noch zusätzlich mit Schlägen gezüchtigt. Cipriano Manuel aus der Reservation der Papago-Indianer in Arizona mußte solche Erfahrungen machen. Jedesmal, wenn er seine Muttersprache sprach, »schlug man mir auf den Mund, mit einem Lineal, oder sie brachten mich unter die Dusche. Da machten sie dann eine Bürste naß, – sie hatten 'Regierungsbürsten', die waren etwa so groß wie ein Prügelstock. Damit schlugen sie dann auf mein Hinterteil, bis es blau war, weil ich Papago gesprochen hatte. Sie schlugen mich sehr hart.«[19] Die Lakota-Indianerin Mary Crow Dog, die ehemalige Ehefrau des Medizinmannes Leonard Crow Dog, berichtet von ähnlichen Erlebnissen: »Mein Klassenzimmer war direkt neben dem Büro des Schulleiters und fast jeden Tag konnte ich hören, wie er die Jungen verprügelte. Schläge waren die übliche Bestrafung für vergessene Hausaufgaben oder für Zuspätkommen. Das hatte so eine schlimme Wirkung auf mich, daß ich jede weiße Person, die ich sah, gehaßt und ihr mißtraut habe.«[20]

In einem Gespräch, das ich mit Ted Means 1994 in Pine Ridge führen konnte, stellte er die Logik dieses Erziehungssystems in einen größeren Zusammenhang: »Dieses ganze Schulsystem war ein Baustein eines umfassenden Programms. Das Programm nahm im letzten Jahrhundert seinen Anfang und ist bis heute nicht beendet. Nachdem die weißen Siedler und Soldaten uns unser Land gestohlen hatten, stahlen die BIA- und Missionsschulen uns unsere Kultur und Religion. Nachdem sie uns den Büffel genommen hatten, nachdem sie uns die Jagd genommen hatten, nachdem sie aus Kriegern Wohlfahrtsempfänger gemacht hatten, begannen sie, uns unsere Sprache zu stehlen.« Ted Means sprach mit ruhigen und bedachten Worten, wenig erinnerte an den aggressiven, militanten Indianer-Aktivisten, als welchen die amerikanische Presse ihn stilisiert. »Diese Umstände«, so fuhr er fort, »machten das einstmals stolze Volk der Lakota zu schwachen, geistig und finanziell abhängigen Menschen.« Er lehnte sich in seinem Stuhl zurück, und selbst bei ihm, der in den achtziger Jahren ein ganzes Jahrzehnt lang Arbeit in die Errichtung der selbstverwalteten indianischen Porcupine-Klinik investiert hatte, war ein Anflug von Resignation zu spüren.

Das Kalkül dieser Form des »praktizierten *melting-pot*-Gedankens«, der Einverleibung der indianischen Kulturen in die amerikanische Kultur, schien zu Beginn der sechziger Jahre aufzugehen. Immer mehr erwachsene Indianer waren nicht mehr in der Lage, ihre Muttersprache zu sprechen – kulturelles Gedankengut schien tatsächlich verloren zu gehen. Oft versuchten die erwachsenen Indianer, die entwurzelt aus den Ghettos der Großstädte wieder auf die Reservation zurückkehrten, von den Eltern oder Großeltern – sofern diese dazu in der Lage waren – ihre Muttersprache neu zu erlernen.

Auch viele der Gründungsmitglieder des *American Indian Movement* sind durch diese entwürdigende Prozedur gegangen, die so oft in Entwurzelung und Alkoholismus endete. Dennis Banks, einer der charismatischsten AIM-Führer und enger Freund von Leonard Peltier, ist diesem Schicksal durch sein Engagement in der Bürgerrechtsbewegung entgangen. Banks wurde 1932 in Minnnesota geboren. Wie so viele seiner Altersgenossen wurde er im Alter von fünf Jahren seiner Familie entrissen und war nach über zehn Jahren in verschiedenen Internatsschulen des *Bureau of Indian Affairs* vollständig seiner Muttersprache beraubt. 1953 ging er für drei Jahre zur US-Air-Force, um danach ziellos zwischen der Reservation und verschiedenen amerikanischen Großstädten hin und her zu pendeln. 1966 wurde er wegen Einbruchs zu fünf Jahren Gefängnis verurteilt, jedoch wegen guter Führung vorzeitig aus der Haft entlassen. Hätte er nicht im AIM einen neuen Sinn für sein Leben gefunden, so wäre vielleicht auch er im Teufelskreis aus Arbeitslosigkeit, Kriminalität und Alkoholismus untergegangen.

Da die Gründungsmitglieder des AIM die fatalen Effekte dieses Erziehungssystems am eigenen Leib erfahren hatten, arbeiteten sie 1970 ein eigenes Schulkonzept aus, um bereits bei Kindern und Jugendlichen mit der sozialen Hilfe anzusetzen. Kurz darauf wurde das *Red School House* in St. Paul (Minnesota) und die *Heart of the Earth Survival School* in Minneapolis gegründet. In diesen Schulen sollten die Kinder ihre eigene Kultur, ihre eigene Religion und ihre eigene Sprache lernen. »Wir wollen unsere Kinder die Wahrheit über indianische Menschen lehren, wer unsere wirklichen Führer waren und was sie sagten und taten, und über den Beitrag sprechen, den sie geleistet haben, und daß nicht irgendein alter weißer Mann im geschnürten Hemd und mit gepuderter Perücke unser ‚Großer Weißer Vater' war«, erklärte Clyde Bellecourt damals der Öffentlichkeit.[21] Allerdings wurden auch alle Grundlagenfächer gelehrt, wie Eddie Benton Banai betont: »Im *Red School House* bieten wir alle Grundlagenfächer an, weil wir begriffen haben, daß, wenn wir alle Möglichkeiten des Überlebens ausschöpfen wollen, solche Kenntnisse wie Lesen und Schreiben unerläßlich sind. Wenn wir unser Land sichern wollen, müssen wir dies durch Recht und Gesetz erreichen.«[22]

Das Prinzip der *Survival-Schools* wurde in den gesamten Vereinigten Staaten von indianischen Gemeinden aufgenommen und praktiziert. Der Erfolg dieses Konzepts ist unter anderem auch daran abzulesen, daß inzwischen wohl jede BIA- oder Missionsschule indianische Kultur, Religion und Sprache in den Lehrplan aufgenommen hat. Während eines Aufenthaltes in der Pine-Ridge-Reservation erzählte mir ein Lakota nicht ohne Stolz, daß er in der *Red-Cloud-Missionsschule* Lakota-Spiritualität unterrichte. Ein Vorgang, der noch vor wenigen Jahrzehnten unvorstellbar gewesen wäre.

# 2. Erste Aktionen

## Alcatraz, Mount Rushmore und der Yellow-Thunder-Fall

Es waren jedoch nicht die sozialen Einrichtungen und die *Survival Schools*, die das *American Indian Movement* in den gesamten Vereinigten Staaten berühmt gemacht haben. Berühmt und vor allem auch berüchtigt wurde die indianische Bürgerrechtsbewegung durch spektakuläre und militante Aktionen. Im November 1969 besetzte eine Gruppe junger Indianer die Insel Alcatraz in der Bucht von San Francisco. Unter der Führung eines Mohawk-Indianers namens Richard Oaks beteiligten sich etwa 200 Indianer an der Besetzung des ehemaligen Hochsicherheitsgefängnisses. Fast zwei Jahre lang, bis Juni 1971, verbarrikadierten sich die indianischen Aktivisten auf der Insel. In einer Proklamation beanspruchten die *Indians of All Tribes* (Indianer aller Stämme), wie sich die Besetzer selbst nannten, die Insel als Reservationsland, damit jedes Schiff, das durch das »Golden Gate« in Amerika ankomme, zuerst Indianerland sehe. Obwohl die US-Regierung auf diese Forderung nicht einging, endete die symbolische Landnahme auf Alcatraz ohne Blutvergießen. Blut floß erst ein Jahr danach, am 20. September 1972, als der führende Kopf dieser Besetzung, Richard Oaks, getötet wurde. Nach Angaben von Ward Churchill und Jim Vander Wall wurde Oaks allem Anschein nach überfallen, als er allein und unbewaffnet durch den Wald bei Santa Rosa (Kalifornien) lief. Während dieses Spaziergangs wurde er mit einer 9mm-Automatik-Handfeuerwaffe erschossen. Sein Mörder, ein weißer Amerikaner namens Morgan, wurde lediglich wegen fahrlässiger Tötung angeklagt, und selbst davon noch freigesprochen, als er aussagte, daß Oaks ihn »angesprungen« habe.[23] Die blutige Spur ungesühnter Todesfälle, die die indianische Bürgerrechtsbewegung in den siebziger Jahren durchziehen sollte, nahm hier ihren Anfang.

Im Jahr 1970 trat ein junger Lakota aus der Pine-Ridge-Reservation, dem wohl heruntergekommensten Reservat der USA, der indianischen Bürgerrechtsbewegung bei: Russell Means, Ted Means' älterer Bruder. Durch seine extrovertierte Erscheinung, seine laute und radikale Art wurde er schnell zu einem der führenden Köpfe des AIM. Kurz nachdem er in Kalifornien eine Ausbildung zum Buchhalter absolviert hatte, gründete er zusammen mit seinen Brüdern Ted, Dale und Bill die sogenannte Cleveland-AIM-Gruppe, die für ihre öffentlichkeitswirksamen Aktionen bekannt wurde. Eine dieser Aktionen war die »Besetzung« des nationalen Monuments *Mount Rushmore* im Sommer 1971. Für viele weiße Amerikaner sind die vier riesigen Präsidentenköpfe, die in das Gestein des *Mount Rushmore* gemeißelt worden sind, so etwas wie der »Schrein der Demokratie«, so zumindest verkünden es Werbetafeln schon in einer Entfernung von Hunderten von Kilometern. Für die Lakota-Indianer stellt dagegen dieses »einzigartige Naturdenkmal« eher ein besonders höhnisches Symbol ihrer Unterdrückung dar. Denn der *Mount Rushmore* befindet sich in den Black Hills (Süd-Dakota), den heiligen Bergen der Lakota, die ihnen im Vertrag von Fort Laramie aus dem Jahr 1868 »für ewige Zeiten« zugesprochen worden waren. Wenige Jahre danach wurde jedoch in den Bergen Gold gefunden, und der legendäre General Armstrong Custer führte die weißen Goldsucher in die den Indianern zugesprochenen Berge. Noch heute befinden sich die Black Hills ohne rechtliche Grundlage im Besitz der Vereinigten Staaten von Amerika. Den Lakota muß es deshalb wie Hohn und Spott erscheinen, daß gerade in ihren heiligen Bergen jenen Präsidenten ein solch gewaltiges Denkmal gesetzt wurde, während deren Amtszeit die meisten der sogenannten Indianerkriege stattgefunden haben.

An einem Morgen im Juli 1971 waren die Besucher des nationalen Monuments erstaunt, als sich etwas auf den riesigen Präsidentenhäuptern bewegte. Ferngläser wurden hin und her gereicht, bis man sich sicher war: Menschen bewegten sich auf den Konterfeis. Mit Hilfe von in den Fels geschlagenen Haken und Seilen kletterten die Indianer auf dem glatten Gestein umher, bis jeder der vier Präsidentenköpfe »besetzt« war. Kurz nachdem die waghalsige Steilwand-Kletteraktion entdeckt worden war, rückte ein großes Polizeiaufgebot an und forderte die »Besetzer« auf, den Berg zu verlassen, da sie widerrechtlich Bundeseigentum betreten hätten. Means und die anderen AIM-Aktivisten beriefen sich jedoch auf den Vertrag von 1868, in dem den Lakota die Black Hills zugesprochen worden waren. Die Berge wären ihr Eigentum und sie könnten gehen, wohin sie wollten, verkündeten sie. Fast zeitgleich mit der Polizei waren Journalisten und Kameraleute beim nationalen Monument in den Black Hills eingetroffen. Die Besetzung entwickelte sich zu einem Medienspektakel, so wie es sich Means und die anderen Indianer erhofft hatten. Nachdem die gewünschte Aufmerksamkeit für indianische Belange erzielt war, stiegen die AIM-Aktivisten vom *Mount Rushmore* herab und ließen sich widerstandslos verhaften. Die folgende Gerichtsverhandlung zog sich über ein Jahr hin und endete damit, daß alle Anklagepunkte gegen die vierzehn indianischen »Besetzer« fallengelassen wurden.

Das AIM war mit dieser Aktion bundesweit in den unterschiedlichsten Medien plaziert. Die amerikanische Öffentlichkeit hatte vom Aufbegehren dieser »jungen, wütenden Indianer« Notiz genommen, und um die Provokationen weiter zu treiben, wurde während einem der folgenden Treffen die falschherum aufgehängte Nationalflagge der USA zum offiziellen AIM-Symbol erklärt. Für die Masse der patriotisch gesinnten Amerikaner war dies wie ein Schlag ins Gesicht, eine Verunglimpfung eines der höchsten nationalen Symbole. Die Provokation war geglückt, auch wenn einige der AIM-Aktivisten später beschwichtigend zu erklären versuchten, daß die auf dem Kopf stehende Flagge nichts weiter sei als das internationale Symbol für Menschen in Not.

Im Februar 1972 schreckte der ungewöhnlich brutale Mord an einem 51jährigen Lakota-Indianer aus der Pine-Ridge-Reservation die indianischen Gemeinden auf. Dieser Mord, der als »Yellow-Thunder-Fall« in die Geschichte der indianischen Bürgerrechtsbewegung einging, verdeutlicht, wie halbherzig die »weißen« Justizbehörden gegen weiße Täter vorgingen, wenn es indianische Opfer zu sühnen galt. Das Verbrechen fand in der kleinen Stadt Gordon (Nebraska) statt, die sich an der Südgrenze der Pine-Ridge-Reservation befindet. Nach Angaben von Claus Biegert zerrten zwei weiße Männer grundlos den Lakota-Indianer Raymond Yellow Thunder in ihr Auto und begannen, auf ihn einzuschlagen. Dann sollen sie ihn nackt ausgezogen und in eine Tanzveranstaltung der rechtslastigen Vereinigung *American Legion* geworfen haben.[24] Dort wurde er weiter erniedrigt – unter anderem soll er gezwungen worden sein, nackt indianische Tänze vorzuführen. Eine Woche später wurde Yellow Thunder im Kofferraum eines Autos tot aufgefunden. Claus Biegert zufolge war die Leiche des Lakota verstümmelt – genauer gesagt kastriert – worden.[25] Entsetzen machte sich breit in Pine Ridge. Für die Bewohner dieser Reservation war Gewalt nichts Besonderes, doch die ungewöhnliche und grundlose Brutalität dieses Mordes überstieg das Maß, das man bis dahin gewohnt war.

Das Entsetzen steigerte sich noch, als die Täter nur des »Totschlags zweiten Grades« angeklagt und gegen eine geringe Kaution wieder auf freien Fuß gesetzt wurden. Verzweiflung machte sich breit, vor allem bei den Angehörigen von Yellow-Thunder, die zum BIA und zum FBI gingen, jedoch nirgends Unterstützung fanden. Die Ungerechtigkeit schrie zum Himmel, und in dieser Situation bat die Familie Yellow Thunders das AIM um Hilfe. Die AIM-Führer mobilisierten die Reservationsbewohner, und es gelang ihnen, weit über tausend Menschen auf die Beine zu bekommen. Ein Konvoi von mehr als 200 alten und verbeulten Autos fuhr kurz darauf in Gordon ein, um Gerechtigkeit zu erzwingen. Drei Tage lang hielten die aufgebrachten Indianer die kleine Stadt fast vollständig unter ihrer Kontrolle und forderten, daß die beiden Täter hart und gerecht bestraft, der lokale Polizeichef suspendiert und daß die Diskriminierung von Indianern in Gordon endlich öffentlich diskutiert werden solle. Die Stadtverwaltung von Gordon ging nach längeren Verhandlungen auf alle drei Punkte ein, und gegen die beiden Täter wurde tatsächlich eine neue Anklage erhoben.

Dieser Erfolg stärkte das Selbstbewußtsein vieler Indianer, endlich wurden sie angehört und ernst genommen. Es schien, daß die Indianerbewegung ihnen etwas von dem Stolz zurückgab, den die ehemaligen Krieger der Prärien wohl gehabt hatten und nach dem sie sich so sehr sehnten. Das AIM stellte vor allem für entwurzelte junge Indianer eine Möglichkeit dar, die alte Kriegertradition wiederaufleben zu lassen, was die Militanz der indianischen Bürgerrechtsbewegung steigerte. »Ein Krieger mag als erster Hunger haben, aber er soll als letzter essen. (...) Er hat in Kriegszeiten seine Familie zu beschützen – jeden Feind zu bekämpfen – und ist stets bereit, sich selbst zum Wohle seines Volkes zu opfern. Solche Ideale sind es, die eine Kriegergesellschaft ausmachen, und genauso sehen wir uns, genauso wollen wir sein«, lautete das Credo der AIM-Aktivisten.[26] Diese beschworene Kriegertradition schien eine gefährliche Gemengelage zu bilden, die sich aus vermeintlichen Traditionen, Bereitschaft zur Gewalt und einem Schuß Chauvinismus speist. Wobei zu berücksichtigen ist, daß der Kriegerbegriff in indianischen Kreisen spirituell überwölbt ist. Birgil Kills Straight, ein alter Lakota-Indianer, sagte am 27. September 1993 während des 25. Jubiläums der AIM-Gründung: »Dinge werden nie mehr so sein, wie sie waren – das ist dem *American Indian Movement* bewußt. (...) AIM ist in erster Linie eine spirituelle Bewegung, eine religiöse Wiedergeburt, und in zweiter Linie die Wiedergeburt von Würde und Stolz in den Menschen (...) Das *American Indian Movement* ist deshalb die Kriegerkaste dieses Jahrhunderts, die an das Band der Trommel gebunden ist, die mit ihren Körpern abstimmt, statt mit ihren Mündern.«[27] Und tatsächlich haben die »AIM-Krieger« mit ihrem Körper abgestimmt. Unzählige Aktivisten verloren in den siebziger Jahren ihr Leben oder wurden in Hochsicherheitsgefängnisse gesperrt.

So berechtigt das Eingreifen des *American Indian Movement* immer wieder war, so kontrovers wurde in der politischen Öffentlichkeit eine der zentralen Zielsetzungen diskutiert: die Anerkennung aller indianischen »Kulturen« oder »Stämme« als souveräne Nationen. Der *First International Indian Treaty Council* verabschiedete 1974 eine »Erklärung über die fortbestehende Unabhängigkeit der souveränen indianischen

Nationen«. Darin war von einem Gesuch an die UNO die Rede, von der die indigenen Kulturen als »souveräne indianische Nationen« anerkannt werden wollten, und von Verhandlungen mit dem US-Innenministerium, »weil wir mit den USA in diplomatische Beziehungen treten möchten«.[28] Der *Lakota Treaty Council* ergänzte: »Wir, die Eingeborenen dieses Kontinents, bestreiten als einzelne und als Gruppe die falsche Behauptung, wir wären Bürger der Vereinigten Staaten. Wir sind Bürger unserer geachteten eingeborenen Nation.«[29]

Diese und ähnliche Reden klangen in den Ohren – auch vieler Unterstützerinnen und Unterstützer – wie nationalistische Forderungen, die den staatlichen Zusammenhalt und den Fortbestand der Vereinigten Staaten von Amerika bedrohten. Staatliche Sicherheitsorgane wurden durch diese radikalen Forderungen auf den Plan gerufen. Dabei wollte die indianische Bewegung damit in erster Linie den kolonialen Ursprung der Entstehung der USA deutlich machen. Die indianischen Bürgerrechtler beriefen sich auf eine einfache Tatsache: Seit dem Eindringen der europäischen Eroberer in die indianischen Territorien wurden im Laufe der Jahrhunderte unzählige Verhandlungen geführt, an deren Ende meist Verträge geschlossen wurden, die den Indianern autonome Rechte souveräner Nationen einräumten. Zwar wurden diese Verträge fast alle mehr oder weniger gebrochen, aber auf dem Papier genießen noch heute einige *native american nations* souveräne Rechte, die sie als autonome Nation ausweisen. Wie gesagt, auf dem Papier. In der Realität der 70er Jahre waren die USA natürlich zu keinem Zeitpunkt bereit, ihre staatliche Integrität in Frage zu stellen. Und es überrascht nicht, daß diese Position auch bei der weißen nordamerikanischen Linken auf wenig Gegenliebe stieß. Man kann wohl ohne Zweifel sagen, daß diese Forderungen nach

Anerkennung als eigenständige indianische Nationen der indianischen Bürgerrechtsbewegung mehr geschadet als genützt hat. Nicht selten verschwand dahinter die berechtigte Einforderung vertraglich zugesicherter Rechte.

## Der Trail of Broken Treaties

Gerade aber die Einforderung vertraglich zugesicherter Rechte war so etwas wie das Herzstück der Bürgerrechtsbewegung. Im Sommer 1972 wurden Pläne für eine bundesweite Demonstration ausgearbeitet, mit der auf den anhaltenden Vertragsbruch der USA gegenüber der indianischen Bevölkerung hingewiesen werden sollte. Aus dem ganzen Land, so hoffte man, würden Indianer nach Washington, D.C., strömen, wo sich die vielen einzelnen Gruppen dann zum *Trail of Broken Treaties* (Fährte der gebrochenen Verträge) vereinen sollten.

Wenige Wochen vor der bevorstehenden Präsidentenwahl erreichten Ende Oktober 1972 unzählige Autokolonnen die Hauptstadt der Vereinigten Staaten. Wie bereits erwähnt, war Leonard Peltier an der Organisation dieser Protestaktion beteiligt und führte den Milwaukee-Caravan. Die Indianer hatten einen »20-Punkte-Plan« ausgearbeitet, auf dessen Grundlage die Situation nordamerikanischer Indianer verbessert werden sollte. Eddie Benton Banai erklärte später zu den Vorbereitungen dieser Protestaktion: »Wir schickten das (20-Punkte-Papier, M.H.) nach Washington, zwei Wochen vor der Ankunft des transkontinentalen Protestmarsches *Trail of Broken Treaties*. Und man sagte uns, daß wir Zugang bekämen zum Innenminister, zum Staatssekretariat, ja sogar zum Weißen Haus. Das war eine sehr gute Sache. Die Punkte, die wir angeführt hatten in dem *20-point-solution-paper*, betrafen die Stammesrechte, Arbeitsmöglichkeiten, Bildungsmöglichkeiten, Bildungsreformen, Landrechte, Vertragsrechte, Schutz von natürlichen Rohstoffen und die Sorge um die Erhaltung von existierendem Indianerland. (...) Als wir dort ankamen, hatte sich die Situation schon wieder verändert.«[30] Weder Präsident Richard Nixon noch sein Vize-Präsident wollten sich Zeit nehmen und sich mit den indianischen Delegierten treffen.

Die Indianer fühlten sich – wie so oft – betrogen. Wut und Verzweiflung machten sich breit, und die Stimmung der indianischen Demonstranten war spannungsgeladen. Am 2. November 1972 beschloß eine Gruppe aufgebrachter und radikaler Aktivisten, zur BIA-Zentrale zu gehen, um dort mit den Verantwortlichen zu sprechen. Lautstarke und wütende Diskussionen mit BIA-Vertretern heizten die Stimmung weiter an, und irgendwann begannen AIM-Aktivisten, das Gebäude zu verbarrikadieren. Die gewaltsame Besetzung des BIA-Gebäudes zog schnell das Interesse der Medien auf sich. Pressevertreter versuchten, Interviews mit den indianischen Besetzern zu machen, Kamerateams filmten Straßenschlachten, die sich die Indianer mit der Polizei lieferten, und der amerikanischen Öffentlichkeit wurde wieder einmal das Bild des »wilden, gewalttätigen Indianers« präsentiert. Amerikanische Bürger waren aufgebracht über die provozierenden Gesten von Russell Means, der beispielsweise auf den Stufen des BIA-Gebäudes ein großes, gerahmtes Portrait des US-Präsidenten Nixon als Schutzschild vor sich hertrug.

Die Besetzung des BIA-Hauptgebäudes dauerte eine Woche – sieben Tage und sieben Nächte voller gewaltsamer Auseinandersetzungen mit der Polizei. Am Ende einigte man sich auf einen Vergleich: Die US-Regierung versprach, sich mit dem 20-Punkte-Papier der Indianer zu beschäftigen und Regierungsvertreter in die jeweiligen Reservationen zu schikken, die mit Stammesvertretern sprechen sollten. Außerdem bot sie den Indianern 66 000 Dollar für die Heimreise an. Die indianischen Bürgerrechtsaktivisten einigten sich nach heftigen internen Debatten darauf, den Vergleich anzunehmen, was ein unblutiges Ende der Besetzung ermöglichte. Rogers Morton, der damalige Innenminister der Vereinigten Staaten, gab einige Wochen später an, daß der Sachschaden, der durch die Besetzung der randalierenden Indianer verursacht worden war, in Millionenhöhe gehe.

Mit dem *Trail of Broken Treaties* war das *American Indian Movement* in den Wahrnehmungskreis eines Großteils der amerikanischen Öffentlichkeit getreten. Alle großen Zeitungen berichteten über die Besetzung und durch die Fernsehnachrichten wurden die Bilder der agitierenden Indianer in die Wohnzimmer der amerikanischen Durchschnittsbürger getragen. Im Gefolge dieser gewalttätigen Ausschreitungen wurde das AIM vom FBI als »extremistische Organisation« klassifiziert, was eine erhöhte Beobachtung durch die Bundespolizei nach sich zog.

# 3. Fokussierung auf Pine Ridge

## Die Reservation

Die Pine-Ridge-Reservation der Lakota-Indianer befindet sich im Südwesten von Süd-Dakota, jenem Teil der USA, der noch heute vielen Hollywood-Produktionen als Prärie-Kulisse dient. Kevin Costners Indianerepos *Der mit dem Wolf tanzt* wurde beispielsweise hier gedreht. Die atemberaubenden Landschaftsaufnahmen dieses Films vermitteln einen Eindruck von der natürlichen Schönheit dieses Landstrichs. Süd-Dakota ist in der Tat ein »Sonnenstaat«. Schon im Frühjahr ist das dürre Steppengras, das fast die gesamte Reservation bedeckt, gelb und vertrocknet. Mächtig und schön erheben sich vereinzelte Hügel, die hier und da von einem braunen Busch bedeckt sind. Das Auge des Betrachters kann in die Ferne schweifen, ohne daß die wunderbare Aussicht durch Häuser oder andere Bebauungen gestört würde. Wenn die Sonne hoch am Himmel steht, taucht sie das Land in ein heißes, flimmerndes Gelb. Die Straßen scheinen dann zu zittern, am Horizont bilden sich jene Luftspiegelungen, die glitzerndes Wasser auf der Straße imaginieren. Viele Lakota erzählen sich, daß die Seelen ihrer Vorfahren in diesem schönen Land noch immer leben. So berichtete mir Leola One Feather, die Lebensgefährtin des bekannten Medizinmannes und spirituellen AIM-Führers Leonard Crow Dog, von einem Freund, der auf einem Stück Land lebe, auf dem im letzten Jahrhundert eine Schlacht zwischen der US-Armee und den Lakota stattgefunden habe. Der Großvater des Freundes sei bei dieser Schlacht getötet worden. Eines Morgens sei Leolas Freund aufgewacht und habe Schüsse und Schreie gehört. Er sei sofort nach draußen gestürzt, um zu sehen, was dort vor sich gehe. Doch draußen war es totenstill, keine Menschen, keine Schreie, keine Schüsse - nichts. Eine Geschichte, und wahrscheinlich auch nicht mehr als das. Und doch vermittelt sie etwas von der Bindung dieser Menschen an ihr Land.

Fährt der Besucher mit seinem Wagen in den Nordteil der Reservation, kann er eines der beeindruckendsten Naturmonumente der Welt bestaunen. Düster und wunderschön zugleich erheben sich die *Badlands* vor seinen Augen, eine karge, wilde Hügellandschaft. Pumas, Koyoten und Klapperschlangen haben hier zwischen den Bergen eine Heimat gefunden. Wobei richtiggestellt werden muß, daß sich die *Badlands* nicht erheben, sondern in den Erdboden »hineingefressen« wurden - im Laufe von Millionen Jahren formten Wasser und Wind dieses seltsame Naturphänomen.

Doch schon bald wird die heile Welt getrübt, die hier die Betrachtenden durch diese Naturschönheiten vorgegaukelt bekommen. Die Straßen der Reservation sind mit billigem Material asphaltiert, so daß der Straßenbelag den extremen Temperaturschwankungen des Frühjahrs nicht standhält. Der Wechsel vom Nachtfrost zur heißen Sonne des Tages sprengt den Asphalt regelrecht. Überall auf den Reservationsstraßen befinden sich riesige Löcher, um die herum backsteingroße Asphaltstücke liegen - ist man in einem Kleinwagen in der Reservation unterwegs, muß man oftmals aussteigen und hochstehende Asphaltstücke auf die Seite räumen, um weiterfahren zu können.

Wer zum ersten Mal durch die kleinen Ortschaften der Reservation fährt, fühlt sich an Fernsehberichte über Slumgebiete der Dritten Welt erinnert. Außer der asphaltierten Hauptstraße gibt es nur Schlammwege. Als Behausungen dienen zumeist sogenannte *Trailerhomes*, langgezogene Wohncontainer, die einfach irgendwo auf ein freies Stück Land gestellt wurden. Vor diesen *Trailerhomes* türmen sich Mülltüten und Unrat, in denen die streunenden Hunde ein wenig Nahrung zu finden hoffen. Daneben rosten alte Autowracks still vor sich hin. Es ist ein Bild des Jammers, das sich hier bietet, und ein geflügeltes Wort der Reservationsbewohner sagt wohl zu Recht: »Das hier ist die Dritte Welt. Die Dritte Welt mitten in den USA.«

Über 75 Prozent der Reservationsbevölkerung von Pine Ridge ist arbeitslos und somit auf die Wohlfahrtsunterstützung angewiesen. Neben dieser unglaublich hohen Arbeitslosenquote ist der Alkoholismus eines der größten Probleme auf der Reservation. Nach Angaben von Mitarbeiterinnen der vom Stammesrat eingerichteten Sozialstelle für Alkoholiker, dem *Project Recovery*, haben etwa 80 Prozent der erwachsenen Bewohner von Pine Ridge ernsthafte Alkoholprobleme. Das *Project Recovery* versucht seit über zwanzig Jahren, gegen den Alkoholismus anzukämpfen, doch wie die Mitarbeiterinnen berichten, sind die seltenen Erfolge nur Einzelfälle und Ausnahmen – der Alkohol bleibt ein gesellschaftliches Problem ersten Ranges und eine Lösung scheint nicht in Sicht. Es fehlt den indianischen Sozialarbeiterinnen nahezu an allem, an Therapieplätzen für Entziehungskuren, an Mitarbeitern und an Fahrzeugen, denn das *Project Recovery* verfügt nicht einmal über ein einziges Dienstauto. Ohne Übertreibung kann man Pine Ridge wohl als das heruntergekommenste Indianerreservat der Vereinigten Staaten von Amerika bezeichnen – an den sozialen und ökonomischen Problemen dieser Reservation hat sich seit den frühen siebziger Jahren augenscheinlich wenig geändert.

## Armut, Kriegertradition und Uran

Diese extremen sozialen Probleme, die mehr oder weniger abgeschwächt in nahezu allen Indianerreservaten der USA zu finden sind, erklären zum Teil, warum Pine Ridge zum Brennpunkt der militanten Auseinandersetzungen zwischen der indianischen Bürgerrechtsbewegung und der US-Regierung wurde. Die bedrückende, täglich neu erfahrene Armut schafft ein Gefühl des »Wir haben nichts zu verlieren« – und dieses Gefühl kann sich schließlich in einer erhöhten Bereitschaft zu militanten Aktionen manifestieren.

Ein weiterer Grund liegt in der Kriegertradition der Lakota-Indianer. In ihrer ethnischen Selbstzuschreibung verstehen sich die Lakota historisch als eine Kriegergesellschaft. Und wie bereits erwähnt, spielte die Figur des Kriegers eine zentrale Rolle für das Selbstverständnis des *American Indian Movement*. Der Ethnologe Dr. Bernd Peyers führt in diesem Zusammenhang aus, daß die Nachkommen der Plains-Völker, insbesondere die Lakota, in der indianischen Bürgerrechtsbewegung eine Führungsrolle innehatten. »Es überrascht daher keineswegs, daß das AIM zwecks spiritueller Besinnung auf Lakota-Traditionen, insbesondere den Sonnentanz, zurückgriff.«[31] Der Sonnentanz, eine der bedeutendsten Zeremonien innerhalb der Lakota-Kultur, ist ein martialisches Ritual, in dessen Zentrum sich das bewußte Ertragen selbstauferlegter körperlicher Leiden befindet. Wenn der Sommer seinen Höhepunkt erreicht hat, die Sonne bereits am späten Vormittag hoch am Himmel steht und unbarmherzig brennt, findet diese Zeremonie statt. Die Sonnentänzer lassen sich dann von einem Medizinmann Stäbe unter die Haut der Brust bohren. Diese Stäbe sind durch ein dünnes Seil mit einem in der Mitte des Tanzfeldes errichteten Baumstamm verbunden. Anschließend beginnen die Lakota zu tanzen, bewegen sich dabei gerade in jenem Abstand zum im Zentrum errichteten Stamm, daß das Seil die ganze Zeit gespannt ist. Dadurch wird der durch die Brust gebohrte Stab langsam aus dem Fleisch und der Haut gerissen. Die Lakota tanzen mehrere Stunden in der sengenden Hitze des Hochsommertages, bis gegen Abend der Stab vollständig aus der Brust gerissen wird. Um die Leiden noch zu erhöhen, nehmen manche Tänzer ein kleines Schilfrohr in den Mund, durch das sie atmen, was die Sauerstoffaufnahme erschwert.

Diese kultische Betonung körperlicher Leiden ist fest im sozialkulturellen Kontext des schon erwähnten Selbstverständnisses der Lakota als Kriegergesellschaft verankert. Die weißen Amerikaner, denen ein kulturelles Verständnis dieser Zeremonie fehlte, sahen darin nichts weiter als einen Akt der Barbarei. Aus diesem Grund hat die US-Regierung 1881 den Sonnentanz verboten. Das offizielle Verbot wurde jedoch über Jahrzehnte hinweg heimlich umgangen – man traf sich in den Bergen, wo in der Abgeschiedenheit der Wälder das Zeremoniell durchgeführt wurde.[32] In den siebziger Jahren des 20. Jahrhunderts hat sich, zeitgleich mit dem Bedeutungszuwachs des *American Indian Movement*, der »Tanz deutlich ausgebreitet und ist in seinen einzelnen Ritualen strenger und komplizierter geworden«.[33] Es war wohl Russell Means, der 1972 den Sonnentanz für alle AIM-Mitglieder, ungeachtet ihrer ethnischen Zugehörigkeit, als verbindliches Ritual einführte.[34] Dieser Rekurs auf den martialischen Sonnentanz verdeutlicht noch einmal das Selbstverständnis des AIM als panindianische Kriegerkaste. Und dieses Selbstverständnis, das zu einem großen Teil auf Lakota-Traditionen beruht, kann als zweiter Grund für die brennpunktartigen Zuspitzungen gewalttätiger Auseinandersetzungen auf Pine Ridge betrachtet werden. Die Bereitschaft, sich nötigenfalls auch gewalttätig zur Wehr zu setzen, war in der

Lakota-Reservation in Süd-Dakota augenscheinlich höher als in anderen Reservaten. Noch heute sind beispielsweise viele Bewohner von Pine Ridge stolz darauf, daß es Lakota waren, die während der sogenannten Indianerkriege im 19. Jahrhundert der US-Armee die wohl schmerzhafteste Niederlage dieser jahrzehntelangen Auseinandersetzungen bereitet haben. Unter der Führung des Lakota-Kriegshäuptlings Crazy Horse und des Lakota-Medizinmannes Sitting Bull haben Lakota und Cheyenne am 25. Juni 1876 die berüchtigte 7. US-Kavallerie des Generals George Armstrong Custer vernichtend geschlagen. Es war einer der wenigen Fälle, in denen Indianer siegreich aus Kampfhandlungen mit den weißen Eroberern hervorgegangen sind. Als »Schlacht am Little Big Horn River« ist dieser Sieg noch heute im Bewußtsein vieler Indianer lebendig.[35]

Der gewichtigste Grund dafür, daß Pine Ridge ins Zentrum der gewalttätigen Auseinandersetzungen zwischen der Indianerbewegung und der US-Regierung gelangte, ist jedoch jenseits von sozialen und kulturellen Erklärungsmustern zu suchen. »Im Jahr 1952 wurde nahe Edgemont, Süd-Dakota, im südlichen Teil der Black Hills, Uran entdeckt«, schreibt Günther Wippel, einer der Organisatoren des *World Uranium Hearings*, das 1992 in Salzburg veranstaltet wurde.[36] Neben allgemeinen politischen Implikationen, die den Indianer-Aktivisten eine besondere Aufmerksamkeit seitens der US-Regierung bescherte, gab es somit einen weiteren gewichtigen Aspekt, einen energiepolitischen: Uran.

»Der Druck auf die indianischen Gemeinschaften nahm zu, als Militär und Industriekonzerne Pläne für ein Imperium der Energieversorgungsunternehmen in den westlichen Staaten der USA schmiedeten. Doch die großangelegten Konzepte stießen unerwartet auf Widerstand. Lakota-Aktivisten, unterstützt von Mitgliedern des *American Indian Movement* (AIM), verlangten ihr Land zurück und verweigerten die Annahme einer Entschädigungszahlung. So hatte sich das AIM genau in die Schußlinie der großen Energiekonsortien gebracht«, führt Wippel weiter aus. Um den historischen Zusammenhang klarzumachen, muß noch einmal auf den bereits erwähnten Vertrag von Fort Laramie aus dem Jahr 1868 hingewiesen werden. In diesem Vertrag wurden die Black Hills, also gerade jenes Gebiet, in dem 1952 Uran entdeckt worden war, den Lakota »für ewige Zeiten« zugesprochen. Als jedoch wenige Jahre nach Vertragsschluß in den Black Hills Gold gefunden wurde, führte eben jener General Armstrong Custer weiße Goldsucher in die Berge der Lakota und nahm im Namen der USA das Land in Besitz. Bis heute fordern die Lakota unter Berufung auf den Vertrag von Fort Laramie die Rückgabe der Black Hills – eine von der US-Regierung angebotene einmalige Entschädigungszahlung in Höhe von 140 Millionen Dollar lehnten sie ab.[37]

Trotz der rechtlich ungeklärten Eigentumsverhältnisse begannen die USA, bald nachdem die Fundergebnisse ausgewertet waren, mit dem Uranabbau. Dieser Abbau führte allem Anschein nach zu einer Kontamination der angrenzenden Flüsse. Nachdem auf der Reservation auffällig viele Kinder tot zur Welt gekommen waren, führte *Women of all Red Nations* (WARN), eine indianische Frauenorganisation, in Pine Ridge eine Gesundheitsstudie durch. »Ergebnis: Im Testmonat des Jahres 1979 endeten in einem Teilgebiet der Reservation 38 Prozent der Schwangerschaften mit einer Fehl- oder Totgeburt. 60 Prozent der lebend Geborenen waren unterentwickelt oder litten an Krankheiten.« Außerhalb der Reservationsgrenzen befinden sich alte Uranminen, die dort eine unkalkulierbare Gefahr für alle Lebewesen darstellen.

Dies läßt sich sogar mit offiziellen Daten belegen, denn, so fährt Günther Wippel fort, die »Radioaktivitätswerte im Grund- und Oberflächenwasser liegen, selbst nach Messungen der staatlichen Umweltschutzbehörden, um ein Mehrfaches über den erlaubten Grenzwerten.«

Vor allem während der Öl- bzw. Energiekrise in den frühen siebziger Jahren dürften die »heimischen« Uranvorräte von besonderem Interesse gewesen sein. Die wirtschaftliche Abhängigkeit von den erdölfördernden arabischen Staaten hatte sich in der sogenannten Ölkrise als strategische Schwäche der USA erwiesen. Während des israelisch-arabischen *Jom-Kippur-Krieges* erklärten mehrere arabische Staaten am 17. Oktober 1973, daß sie ihre Erdöllieferungen an westliche Industrienationen drosseln oder – wie im Fall der USA – ganz einstellen wollten. Die OPEC (die Organisation der erdölexportierenden Länder) entschloß sich zeitgleich, die Erdölpreise drastisch zu erhöhen. Diese beiden Schritte der arabischen Erdölproduzenten lösten eine weltweite Krise aus. Die westlichen Industrienationen hatten sich an einer empfindlichen Stelle als verwundbar gezeigt. Wirtschaftsfachleute und politische Strategen arbeiteten fieberhaft an alternativen Energiekonzepten, um diese Abhängigkeit, wenn schon nicht zu beseitigen, dann wenigstens abzuschwächen. Angesichts dieses Krisenszenarios ist es wohl verständlich, daß Fragen der Energieversorgung in den USA – spätestens von diesem Zeitpunkt an – Fragen höchsten nationalen Interesses waren.

Zwei Jahre vor dieser weltweiten Ölkrise, also im Jahr 1971, war ein Erkundungssatellit der nationalen Uran-Behörde der Vereinigten Staaten (*National Uranium Resource Evaluations*, NURE) von der NASA in die Umlaufbahn gebracht worden, um nach Uranlagerstätten im Gebiet der USA zu suchen. Eine besonders reichhaltige und vielversprechende Uranablagerung wurde dabei im Nordwesten von Pine-Ridge lokalisiert. Und zwar in einem Gebiet, das als *Gunnery Range Area* bezeichnet wurde. Diesen Landstrich hatte sich das US-Verteidigungsministerium 1942 von den Lakota »ausgeliehen«, um dort Waffentests durchzuführen. Nach den Tests und nach dem Ende des Zweiten Weltkriegs war das Land nicht an die Lakota zurückgegeben worden, stand also noch unter der Obhut der US-Regierung.[38] Das Landstück dürfte angesichts der oben beschriebenen energiepolitischen Weltlage für die USA von sehr großem nationalen Interesse gewesen sein. Diese Vermutung wird dadurch bestärkt, daß die US-Regierung mit den Lakota alsbald in Verhandlungen über dieses Land trat.

Diese Verhandlungen mit Vertretern der Indianer wurden geführt, ohne daß die Lakota über die Satellitenauswertungen, also über den Uranfund, informiert wurden. Am 24. und 25. Juni 1975 fanden die Schlußverhandlungen statt, und Richard »Dick« Wilson, der Stammesratsvorsitzende von Pine Ridge, unterzeichnete schließlich einen Vertrag mit der US-Regierung, in dem festgeschrieben wurde, daß der Großteil eben jener *Gunnery Range Area* dem US-Park-Service, also der US-Regierung, unterstellt werden sollte. Wilson hatte allerdings keine Befugnis, diesen Vertrag zu unterzeichnen. Eine vertragliche Abtretung von Stammesland hätte nach geltendem Recht eine Zustimmung von drei Vierteln aller männlichen Reservationsbewohner bedurft. Eine solche plebiszitäre Abstimmung hat jedoch niemals stattgefunden. Damit war die Abtretung der *Gunnery Range Area* juristisch gesehen unwirksam. Dies hinderte die US-Regierung allerdings nicht, diesen unrechtmäßigen Transfer von Lakota-Land in die Obhut der Vereinigten Staaten ungewöhnlich schnell vom US-Kongreß absegnen zu lassen, wodurch ein Großteil der

*Gunnery Range Area* in die endgültige Obhut der US-Regierung überging.

Was bei diesem unrechtmäßigen Transfer von Indianerland in der Rückschau besonders frappierend erscheint, ist das Datum der Vertragsunterzeichnung: der 25. Juni 1975. Am gleichen Tag waren die beiden FBI-Agenten Williams und Coler das erste Mal auf dem Jumping-Bull-Gelände erschienen, um angeblich den 19jährigen Jimmy Eagle zu verhaften, der ein Paar Cowboy-Stiefel gestohlen haben soll. Am Tag nach der Vertragsunterzeichnung fand das verhängnisvolle Feuergefecht statt, an dessen Ende die beiden FBI-Agenten und der AIM-Aktivist Joe Stuntz tot waren. Die Aufmerksamkeit der meisten Reservationsbewohner war auf dieses Ereignis und auf die folgenden FBI-Ermittlungsaktionen in Pine Ridge gerichtet. Von der unrechtmäßigen Landabtretung haben die Lakota zu diesem Zeitpunkt nichts gewußt. Es mag Zufall sein, daß diese beiden für die Reservationsbewohner folgenschweren Ereignisse nahezu zeitgleich stattgefunden haben. Doch als die Lakota Monate später über die widerrechtliche Landabtretung informiert wurden, wollten viele nicht an Zufall glauben. Schnell wurde von AIM-Anhängern der »Überfall des FBI« mit dieser unrechtmäßigen Landveräußerung in Verbindung gebracht. Das Auftauchen der *Special Agents* wurde als »FBI-Attacke« bezeichnet, als taktisches Manöver, mit dem von der Landabtretung abgelenkt werden sollte. Schließlich hätten niemals drei Viertel der männlichen Lakota dieser Abtretung, die immerhin ein Achtel des gesamten Reservationsgebietes umfaßt, zugestimmt. Vor allem die AIM-Aktivisten und die Lakota-Traditionalisten hätten massiv Widerstand geleistet. Bald waren Verschwörungstheorien im Umlauf, die das Auftauchen des FBI als Teil eines umfassenden Plans betrachteten, dessen Ziel die vollständige Zerschlagung des *American Indian Movement* wäre. Die AIM-Akivisten sollten zu Gewalttaten provoziert werden, um dadurch dem FBI eine Rechtfertigung zu liefern, den indianischen Widerstand zu brechen, der etwaigen Landveräußerungen mit Sicherheit im Weg gestanden hätte. Ob diese Verschwörungstheorien Hirngespinste sind oder dem tatsächlichen Verlauf der Ereignisse gerecht werden, wurde nie festgestellt.

# 4. Im Teufelskreis der Gewalt

## Die Lage in Pine Ridge 1972/73

Im Sommer 1972 verschärfte sich die politische Situation auf Pine Ridge. Richard »Dick« Wilson, ein untersetzter Lakota mit Bürstenhaarschnitt und Hang zu radikalen Phrasen, war zum neuen Stammesratsvorsitzenden gewählt worden. Wilson, ein erklärter Gegner der indianischen Bürgerrechtsbewegung, machte schnell klar, daß er mit allen Mitteln gegen »Unruhestifter« vorgehen wollte. Kurz nach seinem Amtsantritt gründete er eine paramilitärische »Polizeieinheit«, die *Guards of the Oglala Nation*, kurz Goons. Politische Gegner von Wilson wurden mit Gewalt und Drohungen eingeschüchtert – Häuser brannten, Menschen wurden niedergeschlagen, und die regulären Ordnungshüter schienen kein Interesse an der Aufklärung dieser Fälle zu haben. Die Goons wurden durch diese brutalen Aktionen schnell bekannt und berüchtigt. Und obwohl die Gewalt auf der Reservation zunahm, versuchten weder das *Bureau of Indian Affairs* noch das FBI die unrechtmäßig geschaffene »Polizeieinheit« der Goons aufzulösen. »Es war ein regelrechtes Terrorregime«, erläuterte Ted Means in einem langen Gespräch, das ich mit ihm führte. »Ein Terrorregime, mit einer eigenen Terroreinheit, die Angst verbreiten und die Leute einschüchtern sollte. All das geschah, ohne daß die regulären Ordnungskräfte eingriffen.« Noch heute, ein Vierteljahrhundert danach, erinnern sich viele Lakota mit Entsetzen an diese Zeit. Dorothy Sun

Bear aus der kleinen Gemeinde Wounded Knee, Mutter von sechs Kindern, verändert ihr sonst so freundliches Gesicht, wenn man sie auf Wilsons Herrschaft anspricht: »Es war eine grauenhafte Zeit. Für das, was Dick Wilson damals veranstaltet hat, fehlen mir die Worte.«

Einige Monate nach der Wahl Wilsons, Ende 1972, beschloß Russell Means, in die Pine-Ridge-Reservation zurückzukehren, um Pläne für einen selbstverwalteten Lebensmittelladen in seinem Heimatort Porcupine zu verwirklichen. Als AIM-Aktivist und »Unruhestifter« war er bereits einschlägig bekannt, und so schien eine Konfrontation mit dem neuen Stammesratsvorsitzenden vorprogrammiert. In den für ihn typischen markigen Worten erklärte Wilson: »Wenn Russell Means einen Fuß auf diese Reservation setzt, werde ich, Dick Wilson, ihm eigenhändig die Knochen brechen«.[39] Wilson hatte sich zum Ziel gesetzt, jegliche AIM-Aktivitäten auf der Reservation zu unterbinden, und es schien, als ob er seine Worte in Taten umsetzen wollte.

Kurz nachdem Wilson an die Macht gekommen war, soll er seine Frau, seinen Bruder, seine Cousins, seine Söhne und Anhänger mit lukrativen Posten in der Stammesverwaltung versehen haben. »Unruhestifter« wie Ted und Russell Means waren ihm wohl deshalb ein Dorn im Auge, weil sie eine Gefahr für den reibungslosen Ablauf dieser vetternwirtschaftlichen Organisation der Stammesverwaltung darstellten. Nach Angaben vieler Lakota, die diese Zeit miterlebt haben, regierte Wilson fast wie ein selbstherrlicher Monarch. Angeblich soll er sich gegen den Vorwurf der Vetternwirtschaft mit dem lapidaren Satz verteidigt haben: »Nichts im Stammesgesetz spricht gegen Vetternwirtschaft.«[40]

## Der Mord an Wesley Bad Heart Bull

Zu Beginn des Jahres 1973 erschütterte erneut ein Mord an einem Indianer die Bewohner von Pine Ridge. Am 23. Januar 1973 um etwa ein Uhr morgens wurde der 20jährige Wesley Bad Heart Bull offensichtlich grundlos niedergestochen. Kurz vor der Bluttat wurde der 30jährige weiße Tankwart Darald Schmidtz in der Stadt Buffalo Gap (Süd-Dakota) aus einer Bar hinausgeworfen. Dr. Schulze-Thulin beschreibt den Vorgang folgendermaßen: »Kurz danach lief ihm der 20jährige Oglala Wesley Bad Heart Bull aus der Pine-Ridge-Reservation über den Weg. Noch immer vor Wut schnaubend, stürzte sich Schmidtz auf den Indianer und stach ihn mit einem Messer nieder. (...) Der Mörder wurde vom Distriktgericht in Custer, South Dakota, lediglich wegen Totschlags zweiten Grades (mit dem geringstmöglichen Strafmaß) verurteilt.«[41] Für eine Kaution von gerade einmal 5000 Dollar wurde Schmidtz noch vor der Verhandlung auf freien Fuß gesetzt.

Sarah Bad Heart Bull, die Mutter des Getöteten, war fassungslos und bat das AIM um Hilfe. Ähnlich wie beim Yellow-Thunder-Fall wollte sie auf diesem Weg etwas mehr Gerechtigkeit erzwingen. Doch dieses Mal bereiteten sich die Behörden auf eine Konfrontation mit dem AIM vor. Als am 6. Februar 1973 eine Autokolonne mit 200 Indianern nach Custer fuhr, wurde sie schon von schwerbewaffneter Polizei erwartet. Es kam zu langwierigen Verhandlungen zwischen den Indianer-Aktivisten und Polizeivertretern, bis eine Handvoll Sprecher des indianischen Protests zu dem verantwortlichen Staatsanwalt Hobart Gates vorgelassen wurde. Unter den Bürgerrechtlern, die zur Staatsanwaltschaft vorgelassen wurden, befanden sich Dennis Banks, Russell Means und Leonard Crow Dog. Das Gespräch endete ohne nennenswertes Ergebnis. In einer Mischung aus Wut und Trauer weigerte sich Russell Means, den Saal zu verlassen.

Etwa zur gleichen Zeit eskalierte auch vor dem Gerichtsgebäude die Situation. Als Sarah Bad Heart Bull versuchte, das Gericht zu betreten, wurde sie von zwei Polizisten auf den Stufen des Gebäudes zurückgehalten. Angeblich wurde sie dabei von den Beamten geschlagen. Andere Indianer versuchten, Sarah Bad Heart Bull zu Hilfe zu kommen, und die Situation geriet in wenigen Sekunden außer Kontrolle. Tränengasbomben flogen durch die Luft, und die Polizei versuchte, mit Schlagstöcken die Indianer zurückzudrängen. Diese antworteten mit Gegengewalt. Im Gerichtsgebäude soll Russell Means auf Polizeibeamte eingeschlagen haben, bevor er selbst niedergeschlagen wurde. Dennis Banks und andere Bürgerrechtler zertrümmerten mit einem Bürostuhl eine Fensterscheibe und sprangen ins Freie. Im Gefolge dieser Auseinandersetzungen gingen zwei Polizeiautos und die Handelskammer von Custer in Flammen auf. Dorothy Sun Bear, die noch heute stolz darauf ist, damals bei dieser Demonstration in Custer dabei gewesen zu sein, schilderte mir ihre Eindrücke: »Die ganze Straßenschlacht dauerte vielleicht eine Stunde. Danach waren 27 von uns inhaftiert und unzählige verletzt. Ich wurde von einem Polizisten mit dem Schlagstock auf den Kopf geschlagen, hatte jedoch Glück, weil er mich nicht richtig getroffen hatte. Aber manche von uns wurden so schwer verletzt, daß sie in ärztliche Behandlung mußten. Und dennoch, es war gut, daß wir dorthin gegangen sind und gezeigt haben, daß man einen Indianer nicht einfach zum Spaß töten darf.«

Nach der Straßenschlacht von Custer war die Stimmung auf Pine Ridge extrem spannungsgeladen. Die Gewalt zwischen Befürwortern und Gegnern des *American Indian Movement* nahm zu – fast täglich kam es zu verbalen und tätlichen

Auseinandersetzungen, und die Goons heizten die Stimmung zusätzlich an. Der Generalstaatsanwalt von Süd-Dakota schickte 65 US-Marshalls nach Pine Ridge, um Ruhe und Ordnung zu gewährleisten. Dennoch fühlten sich vor allem die traditionalistischen Lakota bedroht und suchten nach einer eigenen Lösung der Krise. »Es haben (...) Häuser gebrannt in Pine Ridge. Einer dieser Schläger kam zu mir und fragte mich, was ich wohl fühlen würde, wenn meinen Kindern etwas passieren würde«, beklagte sich beispielsweise eine ältere Lakota.[42] Die Situation konnte nicht länger hingenommen werden, darüber herrschte Einigkeit. Aus diesem Grund beriefen die Stammesältesten für den 26. Februar 1973 eine Versammlung ein, auf der die zunehmenden Probleme der Reservation diskutiert werden sollten. Während dieses Treffens beschlossen die alten Häuptlinge, das *American Indian Movement* um Hilfe zu bitten, da man keinen anderen Ausweg sah, die Situation in Pine Ridge wieder unter Kontrolle zu bringen. Ellen Moves Camp, eine Bewohnerin der Reservation und engagierte Bürgerrechtlerin, erinnerte sich: »Es waren nur zwei Mitglieder des AIM bei uns als wir unser Treffen hatten. Das war unser Bruder Russell Means, und etwa eine Stunde später kam Dennis Banks herein, setzte sich an die Tür und hörte uns zu. Und als wir weiter darüber sprachen, sagten die Chiefs: »Geht und macht es, geht nach Wounded Knee. Ihr kommt nicht in das BIA-Büro und nicht ins Stammesbüro, darum nehmt eure Brüder vom *American Indian Movement* und geht nach Wounded Knee«.[43]

## Wounded Knee

Am 27. Februar 1973, etwa um 19:30 Uhr, fuhr eine Wagenkolonne von über 50 vollbesetzten Autos zu dem geschichtsträchtigen Ort Wounded Knee. Kein Stück Land hat für die

Lakota eine solch große Bedeutung wie dieser Ort. Ein kleiner unscheinbarer Hügel, der sich neben einem inzwischen ausgetrockneten Fluß gleichen Namens befindet. Irgendwo in der Nähe von Wounded Knee soll das Herz des großen Kriegshäuptlings Crazy Horse begraben sein, das Herz jenes Häuptlings, der an der Seite des Medizinmannes Sitting Bull die Lakota und Cheyenne in der Schlacht am Little Big Horn River gegen General Custers 7. US-Kavallerie zum Sieg geführt hatte. Die Lakota glaubten lange Zeit, daß sein Geist in der Gegend von Wounded Knee noch lebendig wäre und auf die *neue Zeit* warten würde. Eine neue Zeit, in der die Büffel zurückkehren und die weißen Eindringlinge verschwinden würden. Dieser Glaube an eine neue, bessere Zeit fand schließlich in der messianischen Geistertanzbewegung seinen Ausdruck.

Die Geistertanz-Religion war gegen Ende des 19. Jahrhunderts von Wovoka, einem alten Paiute-Indianer, begründet worden. Dieser verkündete, daß er in einer Vision gesehen hätte, daß die *neue Zeit* bevorstünde. Durch eine spezielle Zeremonie, den Geistertanz, könne ihr der Weg geebnet werden. Der Tanz würde vor allem die Hemden, die während des Geistertanzes getragen werden, mit einem besonderen Zauber versehen. Wovoka redete seinen Anhängern ein, daß diese Hemden die Geistertänzer unverwundbar machen würden. Keine Gewehrkugel eines weißen Eindringlings könne durch ein solches geheiligtes »Geistertanz-Hemd« dringen. Bei den verarmten und entrechteten Indianern der großen Prärien breitete sich diese Religion wie ein Lauffeuer aus. Diese spirituelle Heilslehre war für viele ein letzter Hoffnungsschimmer. Indianeragenten informierten deshalb bald die US-Behörden über diese neue Religion und warnten vor einem erneuten Indianeraufstand – dieses Mal angefacht durch den Geistertanz. Durch diese Meldungen verunsichert, forderten die Behörden Kavallerie-Einheiten an, die am 18. Oktober 1890 in Pine Ridge eintrafen. Hunderte von Indianern flohen in die Badlands. Zu oft hatten sie miterleben müssen, wie das Eintreffen der in blaue Uniformen gekleideten Kavallerie-Regimenter den Beginn gewalttätiger Auseinandersetzungen bedeutet hatte. Sitting Bull, der inzwischen zurückgezogen in Kanada lebte, beantragte am 12. Dezember 1890 einen Paß für eine Reise nach Pine Ridge. Weshalb er in die Pine-Ridge-Reservation gehen wollte, ist ungeklärt. Die US-Behörden fürchteten, daß er sich der Geistertanzbewegung anschließen könnte. Nach dem grandiosen Sieg beim Little Big Horn River war Sitting Bull für die Indianer eine lebende Legende. Hätte er sich dieser neuen Bewegung angeschlossen, hätte das dem Geistertanz zusätzlichen Auftrieb gegeben. Aus diesem Grund befahl General Miles von der US-Kavallerie noch am selben Tag, Sitting Bull festnehmen zu lassen. Am nächsten Tag wurde der alte Medizinmann bei dem Versuch, ihn zu verhaften, erschossen.

Als sich die Nachricht vom Tod Sitting Bulls verbreitete, wuchs die Spannung unter den Indianern. Chief Big Foot, ein alter und kranker Lakota-Häuptling, versuchte mit einigen hundert Anhängern von der Cheyenne-River-Reservation im Norden von Süd-Dakota nach Pine Ridge zu fliehen, um sich dort mit Chief Red Cloud zu treffen. Am 28. Dezember 1890 wurde Big Foots Gruppe jedoch bei Wounded Knee von Teilen der 7. US-Kavallerie gestellt. Die völlig erschöpften und ausgehungerten Indianer ergaben sich kampflos den weißen Soldaten. Was am darauffolgenden Tag wirklich passierte, ist bis heute ungeklärt. Vielleicht waren es Revanchegelüste der Kavalleristen, die die schwere Niederlage ihrer Einheit vor 14 Jahren am Little Big Horn River als Beleidigung ihrer kollektiven Soldatenehre empfanden. Vielleicht waren es aber auch übermütige Indianer, die glaubten, ohne Waffen – alleine durch die Kraft ihrer Geistertanz-Hemden – den weißen Soldaten überlegen zu sein. Was tatsächlich der Auslöser dafür war, daß die Soldaten das Feuer auf die unbewaffneten Indianer – zu einem großen Teil Frauen und Kinder – eröffneten, bleibt wahrscheinlich für immer im Dunkel der Geschichte verschüttet. Historische Tatsache ist jedoch, daß etwa 300 unbewaffnete Frauen, Kinder und Männer beim Massaker von Wounded Knee starben. Das Blut, das die Erde dort getränkt hat, machte Wounded Knee zu einem heiligen Ort der Lakota-Mythologie.

## Die Besetzung

Diese besondere Bedeutung Wounded Knees erklärt, warum die Lakota-Ältesten und die Mitglieder des *American Indian Movement* gerade diesen ansonsten bedeutungslosen Ort im Jahr 1973 für ihre Protestaktion ausgewählt haben. Die indianischen Bürgerrechtler, ein Großteil davon Bewohner der Pine-Ridge-Reservation, die zum Teil mit Gewehren und Revolvern bewaffnet waren, erklärten den Ort Wounded Knee, den dazugehörenden Handelsposten und den Friedhof mit dem Massengrab für besetzt. Indianische Vietnam-Veteranen, die gerade erst aus dem »Dschungelkrieg am anderen Ende der Welt« heimgekommen waren, übernahmen die Koordination der militanten Verteidigungsarbeit. Es wurden Bunker und Verteidigungswälle angelegt sowie Wachdienste eingeteilt. In der katholischen Kirche bei Wounded Knee fand dann am späteren Abend eine Versammlung unter der Leitung von Russell Means, Dennis Banks und Pedro Bissonnette statt. Bei dieser Versammlung wurde eine Verlautbarung ausgearbeitet, deren barscher Wortlaut wahrscheinlich nur aus dem für die Indianer enttäuschenden Ergebnis der Verhandlungen beim *Trail of Broken Treaties* zu verstehen ist. »Die Vereinigten Staaten von Amerika haben nur zwei Möglichkeiten. Erstens: Sie vernichten die Alten, die Frauen, die Kinder und Männer, indem sie uns angreifen und erschießen. Zweitens: Sie verhandeln über unsere Forderungen«, so verkündeten die Besetzer kurz und knapp.

Während die Versammlung noch in Gang war, hatten sich einige der Indianer daran gemacht, Pressevertreter und Fernsehjournalisten zu benachrichtigen, so daß am nächsten Morgen ein großes Journalistenaufgebot zu erwarten war. Die AIM-Aktivisten waren intelligent genug zu wissen, daß ihrer Besetzung nur dann eine Chance vergönnt war, wenn die Öffentlichkeit daran Anteil nahm. Man hoffte, daß die Polizei und das FBI zu viele Skrupel hätten, die Wounded Knee Besetzung vor laufenden Fernsehkameras gewaltsam zu beenden.

Ihre Rechnung sollte aufgehen. Denn neben einem großen Aufgebot an FBI-Beamten, US-Marshalls, BIA-Polizisten und Goons umlagerten am nächsten Morgen tatsächlich unzählige Journalisten den kleinen Ort im Süden der Pine-Ridge-Reservation. Die Zufahrtswege nach Wounded Knee wurden durch Straßenbarrikaden blockiert, und im Laufe der nächsten Tage wuchs das Truppenaufgebot, das die kleine Gruppe mittelmäßig bewaffneter Indianer eingekreist hatte, immer mehr an. Bis zum Ende der Besetzung entwikkelte sich die ganze Szenerie regelrecht zu einem Kriegsschauplatz. Die US-Regierung rückte unter anderem mit *Armed Personel Carriers* (kleinen, wendigen Panzern), Helikoptern, Granatwerfern, Maschinengewehren und CS-Gas-Kanonen an.

Ted Means war damals in erster Linie für die Organisation des Nachschubs an Lebensmitteln und Munition zuständig. Deshalb mußte er oft die »feindlichen Linien« überschreiten, um aus dem besetzten Gebiet hinaus und wieder zurück zu gelangen. »Wir hatten gegenüber den Polizisten und FBI-Beamten den großen Vorteil, daß wir in diesem Land hier aufgewachsen sind. Freunde von mir hatten den größten Teil ihres Lebens hier in und um Wounded Knee verbracht. Die kannten jeden Strauch und jedes Erdloch. Deshalb konnten wir nachts die Belagerung durchbrechen, um Munition und Lebensmittel zu besorgen. Während der Besetzung von Wounded Knee und der Anfeindung von außen spürte ich endlich wieder ein Zusammengehörigkeitsgefühl. Das Gefühl der Ohnmacht und der Vereinzelung war durchbrochen. Wir erhielten viel Unterstützung von den Menschen meines Volkes, auch – was mich besonders gefreut hat – von Leuten aus meiner Heimatgemeinde Porcupine. Ich war, wie gesagt, oft außerhalb – im besetzten Camp haben vor allem mein Bruder Russ, Dennis Banks und einige Vietnam-Veteranen die Organisation übernommen. Es war eine gute Sache, und ich bin dankbar und stolz darauf, damals dabeigewesen zu sein. Für die Dauer von 72 Tagen waren wir frei. Frei aus eigener Kraft, umringt von Panzern und Soldaten der Vereinigten Staaten von Amerika, der mächtigsten Nation der Welt. Und diese mächtige Nation mußte uns 72 Tage lang zuhören. 72 Tage lang trafen wir die Entscheidungen.«

## Erste Verhandlungen

Das Medieninteresse an dieser Besetzung war enorm. Journalisten aus nahezu der gesamten Welt waren in diesen entlegenen Teil Süd-Dakotas gekommen. In Europa entwickelte sich in diesen Tagen wohl zum ersten Mal ein breites Interesse an der Situation der amerikanischen Ureinwohner. Durch den Medienrummel war die US-Regierung wegen ihres Aufmarsches von »schwerem Kriegsgerät«, mit dem sie gegen ein paar hundert mäßig bewaffnete Indianer vorgehen wollte, in Erklärungsnot geraten. Fragen wurden aufgeworfen, weshalb die Regierung derart massiv gegen Indianer vorgeht, die lediglich ein relativ bedeutungsloses Stück Land in irgendeiner Reservation besetzt hielten. Es bot sich an, die Sicherheit einiger weißer »Geiseln« – Bewohner von Wounded Knee, die in der Hand der Indianer waren – als Grund anzugeben. Diese Geiselnahme sei ein sehr schwerwiegendes Verbrechen. Um sie zu beenden, sei auch der massive Einsatz von Gewalt gerechtfertigt. Allerdings erklärte am 1. März 1973 eine der »Geiseln«, Pater Paul Manhardt, daß alle, die Wounded Knee verlassen wollten, dies hätten tun können. Wer jetzt noch da wäre, täte dies freiwillig.[44] Damit war die Argumentation der US-Vertreter, es gehe um die Sicherheit der Geiseln, hinfällig. Geiselnahme lag nie im Interesse des *American Indian Movement*.

Während eines Besuches der beiden Senatoren von Süd-Dakota, George McGovern und James Abourezk, wurden die konkreten Forderungen der indianischen Besetzer formuliert. Im wesentlichen handelte es sich um drei Punkte: Erstens sollte das Verhalten des *Bureau of Indian Affairs* auf der Pine-Ridge-Reservation untersucht werden. Zweitens wurde gefordert, daß die 371 Verträge, die zwischen der US-Regierung und verschiedenen Indianerstämmen geschlossen worden waren, juristisch überprüft würden. Diese Überprüfung sollte vor allem hinsichtlich der zahlreichen Vertragsbrüche seitens der US-Regierung erfolgen. Drittens sollte der Stammesratsvorsitzende von Pine Ridge, Richard Wilson, mit sofortiger Wirkung seines Amtes enthoben werden.[45] Die beiden Senatoren hatten Verständnis für die Anliegen der Indianer und versprachen, die beanstandeten Mißstände auf der Reservation untersuchen zu lassen. Außerdem wollten sie sich dafür einsetzen, daß über diese Mißstände Anhörungen vor dem US-Kongreß stattfänden. Die AIM-Aktivisten einigten sich am 4. März darauf, dieses Angebot anzunehmen und Wounded Knee zu verlassen. Allerdings nur unter der zusätzlichen Bedingung, daß die Regierung die bewaffneten Kräfte vollständig von der Reservation abziehe. Dazu war die Regierung allerdings nicht bereit. Nach einigen verbalen Auseinandersetzungen waren die Fronten wieder festgefahren, und eine friedliche Einigung schien außer Sicht.

Kurze Zeit nach den gescheiterten Verhandlungen wurden die Besetzer aufgefordert, die Frauen und Kinder wegzuschikken. Außerdem versuchte man, die letzten anwesenden Weißen zu überreden, das besetzte Gebiet zu verlassen. Alles deutete darauf hin, daß eine gewaltsame Beendigung der Besetzung bevorstand, die in den Medien bereits den Namen »Wounded Knee II« erhalten hatte. Als am 9. März 1973 Gerüchte im Umlauf waren, daß die Regierung einen großangelegten Angriff plane, erreichte die Anspannung einen Höhepunkt. Überall in der Reservation errichteten Richard Wilsons Goons Straßenbarrieren, um die Besetzer noch mehr zu isolieren und die Reservationsbevölkerung einzuschüchtern. Die von Zeit zu Zeit stattfindenden Schußwechsel nahmen zu, und am Abend des 9. März eskalierte die Situation. Bis spät in die Nacht hinein fanden weitere Schußwechsel statt, in deren Verlauf zum ersten Mal während dieses Konflikts ein Indianer verwundet wurde.

Am Tag nach dem Feuergefecht wurde ein Waffenstillstand ausgehandelt. Die Bundespolizei ließ die Straßenbarrieren abbauen und gewährte für kurze Zeit freie Durchfahrt in die kleine Gemeinde von Wounded Knee. Trotz des Waffenstillstandes versuchten sechs Weiße, in das besetzte Gebiet einzudringen. Dabei wurden sie von dem Vietnam-Veteranen Stan Holder und dem Medizinmann Leonard Crow Dog gestellt. Holder und Crow Dog entwaffneten die vermeintlichen Spione und schickten sie nach einigen Verhören zurück. Kurze Zeit später kam es zu einem zweiten Zwischenfall: Obwohl die freie Durchfahrt in das besetzte Gebiet ein Bestandteil der Waffenstillstandsvereinbarung war, versuchte das FBI, einen Lieferwagen anzuhalten, der nach Wounded Knee fahren wollte. Bei diesem Versuch kam es zu einem kurzen Schußwechsel, in dessen Verlauf ein FBI-Agent verwundet wurde. Der Waffenstillstand war damit endgültig gescheitert, und die Straßenbarrieren wurden wieder errichtet.

## Anklagen, neue Verhandlungen und Verschärfung der Situation

Am 13. März wurden die ersten Anklagen gegen »Aufwiegler und Anführer« der Wounded Knee Besetzung erhoben. In Abwesenheit wurden Dennis Banks, Russell Means und drei weitere AIM-Aktivisten der Rädelsführerschaft angeklagt. Am gleichen Tag kam der stellvertretende Generalstaatsanwalt Harlington Wood nach Wounded Knee, um mit den aufständischen Indianern zu verhandeln. Mit dem leitenden US-Marshall Wayne Colburn als Begleitschutz traf sich Wood während der nächsten zwei Tage mit Sprechern der Besetzer, vor allem mit Dennis Banks und Russell Means. Die Verhandlungen kamen nur sehr schleppend voran, und am Ende des zweiten Verhandlungstages stockten sie endgültig. Wood flog daraufhin nach Washington, D.C., um seinen Vorgesetzten die Lage zu schildern. Am 17. März kehrte er nach Wounded Knee zurück und unterbreitete den indianischen Aktivisten ein offizielles Angebot der US-Regierung: »Russell Means, Dennis Banks, Pedro Bissonnette, Clyde Bellecourt und Carter Camp würden sich mit Marvin Franklin und William Rogers vom Innenministerium treffen können, um in Sioux Falls (einer Stadt im Osten von Süd-Dakota) für drei bis fünf Stunden ‚Indianerprobleme' diskutieren zu können. Vor und nach dieser Besprechung würde eine einstündige Pressekonferenz abgehalten werden. Am Ende sollten die AIM-Verhandlungspartner verhaftet werden. Zeitgleich mit dem Beginn der Gespräche sollten die Wounded Knee Besetzer ihre Waffen niederlegen, sich ergeben und verhaften lassen.«[46] Wood stellte dieses Angebot vor und machte deutlich, daß es darüber hinaus keinen Verhandlungsspielraum gebe. Ohne eine Reaktion der Indianer abzuwarten, reiste er wieder ab. Die Indianer reagierten zunächst nicht auf dieses Angebot. Am Abend kam es dann wieder zu heftigen Feuergefechten, die mit mehr oder weniger langen Pausen in den folgenden Tagen weitergeführt wurden. Dabei gab es zahlreiche Verwundete – eine Einigung auf der Basis von Verhandlungen schien in weiter Ferne zu liegen.

Um den aus Minnesota stammenden Rechtsanwalt Kenneth Tilsen hatte sich inzwischen eine Gruppe von Rechtsexperten zusammengefunden, die sich *Wounded Knee Legal Defense/Offense Committee*, kurz WKLDOC, nannte. Am 22. März kamen Vertreter dieser Gruppe nach Wounded Knee, um den Besetzern Rechtsbeistand anzubieten. Die Stimmung in weiten Teilen der amerikanischen Bevölkerung entwickelte sich zunehmend zugunsten der indianischen Aktivisten. Auch in weißen Mittelstandsschichten machten sich Sympathien für die Besetzer breit. Um dieser Entwicklung entgegenzuwirken, diffamierte Richard Wilson die Wounded Knee Besetzung als von Kommunisten geplante Aktion. Sympathisanten und Unterstützer wurden dem Verdacht ausgesetzt, eine marxistische und revolutionäre Gesinnung zu besitzen. Außerdem wurde versucht, in der Öffentlichkeit den Eindruck zu erzeugen, daß zwischen den AIM-Aktivisten und den Lakota-Traditionalisten zunehmend Differenzen bestünden. In einem Zeitungsinterview bezeichnete Ted Means dies damals als die alte »Teile-und-herrsche-Taktik«, den billigen Versuch, Indianer gegen Indianer auszuspielen. Am 26. März 1973 wurde die letzte Telefonverbindung nach Wounded Knee unterbrochen, und den letzten Journalisten und Kamerateams wurde von Bundesbeamten befohlen, das Krisengebiet zu verlassen. Etwas später kam es zu einem mehrstündigen Feuergefecht, bei dem ein US-Marshall schwer verwundet wurde. Die Situation in der besetzten Gemeinde verschärfte sich, und eine Beendigung der Besetzung wurde zum ersten Mal ernsthaft diskutiert.

Elmer Bear Eagle, ein Lakota, der als Jugendlicher an der Besetzung teilgenommen hatte, beschreibt die damalige Situation aus der Perspektive der eingeschlossenen Besetzer: »Am Anfang der Besetzung fühlten wir uns alle großartig. Endlich standen wir auf, taten etwas und – vor allem – taten gemeinsam etwas. Die Atmosphäre war locker und gelöst. Es war ja nicht so, daß es ständig Schießereien gegeben hätte, die meiste Zeit des Tages lebten wir ganz normal, oder sagen wir, fast normal. Wir aßen zusammen, es wurden Zeremonien durchgeführt, und man traf sich oft, um sich mit anderen zu unterhalten. Die Situation verschärfte sich erst gegen Ende März und Anfang April. Die Feuergefechte wurden immer länger und heftiger, und die Zahl der Verwundeten stieg, was angesichts der schlechten medizinischen Versorgung ein großes Problem darstellte. Die Kommunikation nach außen war unterbunden worden. Lebensmittel und Munition wurden langsam knapp. Doch irgendwie war man von dieser Atmosphäre gefangen, empfand die individuelle Gefahr nicht. Man war wirklich bereit, sein eigenes Leben in die Waagschale zu werfen. Ich war damals jung und ungestüm, heute würde ich wohl bedachter und vorsichtiger agieren.«

## Solidarität aus Hollywood

Während die Situation bei Wounded Knee immer dramatischer wurde, sorgte weit entfernt, an einem anderen Ort in den Vereinigten Staaten, ein prominenter Sympathisant dafür, daß die aufbegehrenden Indianer nicht vergessen wurden. In der Nacht vom 27. auf den 28. März 1973 fand das für Hollywood zentrale Ereignis eines jeden Jahres statt: die Oscarverleihung. Nach einer mehrere Jahre dauernden Phase des Mißerfolgs war Marlon Brando im vorangegangenen Jahr mit der Darstellung des Mafia-Bosses Don Vito Corleone ein sensationelles Comeback gelungen. Seine schauspielerische Leistung in dem Film *Der Pate* sollte an diesem Abend mit einem Oscar gekrönt werden. Als nach einer kurzen Laudatio sein Name genannt wurde, überraschte er die geladene Hollywood-Prominenz, indem er einfach auf seinem Platz sitzen blieb – statt wie erwartet auf die große Bühne zu gehen und strahlend den bedeutendsten Filmpreis der Welt in Empfang zu nehmen. Nach einer kurzen Pause, in der sich eine peinlich-betroffene Stille über den Saal gelegt hatte, schickte Brando seine Begleiterin, eine junge Apache-Indianerin namens Sacheen Little Feather, auf die Bühne. Diese verlas eine von Brando vorbereitete Rede, in der er erklärte, warum er den Oscar nicht annehmen wolle:

»Wir ermordeten die Indianer. Wir belogen sie. Wir vertrieben sie von ihrem Land. Wir zwangen sie, trügerische Abkommen zu unterzeichnen, die wir Verträge nannten und die wir niemals erfüllten. Wir machten Bettler aus ihnen. (...) Wir glauben noch immer, daß wir gegenüber den indianischen Völkern keine Verpflichtungen haben, da es uns dank unserer Macht gegeben ist, die Rechte und das Eigentum anderer anzugreifen, ihnen ihr Leben zu nehmen, wenn sie versuchen, ihr Land und ihre Freiheit zu verteidigen. (...) Ich meine, daß Auszeichnungen in diesem Land zur Zeit nicht angenommen oder verliehen werden dürften, bis sich die Situation der Indianer drastisch geändert hat. Wenn wir schon nicht der Hüter unseres Bruders sind, dann laßt uns wenigstens nicht sein Henker sein.«[47]

## Vertragsbruch in Washington

Trotz der moralischen Unterstützung aus Hollywood war die Situation in Pine Ridge weiterhin dramatisch. Es wurde immer schwieriger, unbemerkt aus dem eingeschlossenen Gebiet heraus und wieder zurück zu gelangen. Das Leben in Wounded Knee wurde angespannter, die Lebensmittelrationen immer knapper, und gleichzeitig nahmen die Angriffe der Regierungstruppen an Intensität zu.

Anfang April führten die Verhandlungen zwischen den Regierungsbeamten und den indianischen Aktivisten zu ersten Ergebnissen. Wie hundert Jahre zuvor saß wieder ein weißer Vertreter der US-Regierung bei Indianern und rauchte mit ihnen die heilige Pfeife. Diesmal war es Ken Frizzell, Bevollmächtigter des Innenministeriums, der zwischen den Ureinwohnern Platz genommen hatte. Und er unterbreitete den Indianern tatsächlich ein annehmbares Angebot:

Russell Means solle sich der Verhaftung stellen. Danach würde ihm und Leonard Crow Dog die Möglichkeit gegeben, in Washington Gespräche mit Vertretern des Weißen Hauses zu führen. Sobald Means über Funk den Besetzern mitteilen würde, daß die Gespräche zufriedenstellend verlaufen seien, sollten diese ihre Waffen niederlegen und sich ergeben. Darüber hinaus würde eine Untersuchung der Regierungstätigkeit Richard Wilsons durchgeführt werden, wobei das Justizministerium versprach, daß es die Rechte eines jeden Lakota schützen und jede Mißachtung dieser

Rechte durch die Stammesregierung oder durch US-Regierungsbeamte vor Gericht bringen würde. Außerdem sollte eine Kommission zur nochmaligen Überprüfung der Gültigkeit des Vertrags von 1868 gegründet werden.

Das Angebot klang vielversprechend – waren doch die wesentlichen Forderungen der Besetzer darin enthalten. Nach einer kurzen Versammlung beschlossen die AIM-Aktivisten, auf das Angebot einzugehen. Russell Means ergab sich den Regierungstruppen und wurde nach Washington geflogen. Kurz darauf wurde die frisch unterzeichnete Vereinbarung ein erstes Mal gebrochen. Der leitende US-Marshall Wayne Colburn versuchte mit fast 200 Marshalls in das besetzte Wounded Knee einzudringen, um die Indianer zu entwaffnen. Stan Holder, der Sicherheitschef der Besetzung, verweigerte den Marshalls den Zugang in die besetzte Zone. Erst wenn Russell Means den Menschen in Wounded Knee mitteile, daß alles zufriedenstellend verlaufe, wäre man bereit, sich entwaffnen zu lassen.

Als Russell Means und Leonard Crow Dog in Washington ankamen, wurde die Vereinbarung ein zweites Mal gebrochen. Jetzt hieß es, daß Gespräche erst stattfinden könnten, wenn die Belagerer entwaffnet seien. Means weigerte sich, unter diesen Umständen die Indianer aufzufordern, ihre Waffen niederzulegen. Voller Wut sagte er zu Journalisten, die über das Treffen mit Vertretern des Präsidenten berichten wollten: »Sagt der Öffentlichkeit, daß der letzte indianische Vertrag mit der Regierung gerade einmal 72 Stunden gehalten hat. Die Regierung hat ihn gebrochen, bevor die Tinte getrocknet war.«[48]

## Zwei Todesopfer und das Ende

Die Situation in Wounded Knee war unverändert schlecht. Inzwischen mußten die Lebensmittel auf eine Mahlzeit am Tag rationiert werden, und die Versorgung der Verwundeten bereitete große Probleme. Während dieser angespannten Lage kam es wieder zu einer Eskalation der Gewalt. Auslöser war diesmal eine Solidaritätsaktion einiger weißer Piloten aus verschiedenen Städten der USA. Im Morgengrauen des 17. April flogen mehrere kleine Flugzeuge im Tiefflug in Richtung Wounded Knee, um den eingeschlossenen Indianern Lebensmittel zu bringen. Durch den Motorenlärm aufgeschreckt, reagierten die FBI-Agenten und US-Marshalls sofort. Nach wenigen Minuten, in denen wildes Chaos herrschte, erhob sich ein FBI-Helikopter und eröffnete das Feuer. Die Flugzeuge, die mehrere Fallschirme mit Lebensmittelpaketen abgeworfen hatten, waren jedoch schon außer Reichweite. Als einige Lakota versuchten, die Pakete zu holen und in die Häuser zu tragen, wurden sie nach Aussagen der Indianer aus dem Hubschrauber beschossen. »Das ganze Szenarium entsprach einer Kriegssituation: Frauen liefen umher, um die am Boden aufgeschlagenen Pakete zu holen. Neben ihnen schlugen Maschinengewehrkugeln ein und wirbelten meterhoch Staub auf. Mehlsäcke platzten und weißer Staub vermischte sich mit der Erde von Wounded Knee. Dazu dieser ohrenbetäubende Lärm. Es war wirklich wie im Krieg«, schildert Elmer Bear Eagle die dramatische Situation. Dieses Feuergefecht forderte das erste Todesopfer von »Wounded Knee II«: Frank Clearwater. Neben dem Massengrab des Massakers von 1890 befand sich eine kleine katholische Kirche. Darin hatte sich Clearwater schlafen gelegt. Durch den Schußwechsel geweckt, wollte er gerade aufstehen, als eine Kugel die Holzwand der Kirche durchschlug und seinen Hinterkopf zerfetzte.

Die Gewalt ging in den nächsten Tagen unvermindert weiter. Am 26. April wurde ein zweiter Indianer-Aktivist erschossen. Buddy Lamont wurde von einer Maschinengewehrkugel getroffen und verblutete, während das Feuergefecht noch stundenlang anhielt. Nach diesem Ereignis machte sich endgültig Resignation unter den Besetzern breit. Beide Seiten, die Regierungseinheiten und die Indianer, hatten zunehmend Verwundete zu beklagen. »Die Lage war aussichtslos und wir begannen, das zu realisieren«, sagt Elmer Bear Eagle über diese letzten Tage der Besetzung. Am 9. Mai 1973 ging »Wounded Knee II« dann ohne Blutvergießen zu Ende. Die wenigen Indianer, die erschöpft noch die Stellung gehalten hatten, ergaben sich. Mit Helikoptern wurden sie in die nahegelegene Stadt Rapid City geflogen und in die dortigen Gefängnisse gesperrt. Die Besetzung war beendet.

# 5. Eskalation

## Die Wounded-Knee-Prozesse

Nach 72 Tagen der Gewalt war die Besetzung von Wounded Knee zu Ende gegangen. In Rapid City begann nun das juristische Nachspiel des »Indianeraufstands«, wie die Wounded-Knee-Besetzung in der Boulevardpresse bezeichnet worden war. Etwa 130 Indianer wurden wegen Landfriedensbruchs, unerlaubten Waffenbesitzes und Widerstandes gegen die Staatsgewalt angeklagt. Allen voran die »Rädelsführer« Dennis Banks und Russell Means. Das von dem weißen Rechtsanwalt Kenneth Tilsen initiierte *Wounded Knee Legal Defense/ Offense Committee* (WKLDOC) übernahm die Verteidigung.

Die Höchststrafe, die der Staatsanwalt für die beiden Hauptangeklagten Means und Banks forderte, belief sich auf je 85 Jahre Gefängnis. Angesichts dieser drastischen Haftandrohung, die wie ein Damoklesschwert über den Köpfen der beiden populären AIM-Führer schwebte, ist es wohl nicht verwunderlich, daß die folgende Gerichtsverhandlung als dramatisches Duell zwischen Anklage und Verteidigung inszeniert wurde. Die Verteidigung erhob während des Prozesses schwere Vorwürfe gegen das FBI. Der Bundespolizei wurde von Kenneth Tilsen und William Kunstler, den Anwälten von Banks und Means, illegale Abhörmethoden und Korruption zur Last gelegt. Darüber hinaus waren »tätliche Angriffe auf die Verteidiger sowie mehrere bis heute nicht geklärte Todesfälle von Indianern (...) ebenso dramatische

Höhepunkte der gesamten Prozeßdauer, wie die ersten Urteile selbst«[49], schreibt Dr. Schulze-Thulin.

Die Urteilsverkündungen waren in der Tat dramatische Höhepunkte der Wounded-Knee-Prozesse. Am 16. September 1974 wies Richter Fred J. Nichol die Anklage gegen Banks und Means in allen Punkten ab. »Die Zurückweisung der Anklage benutzte der Richter, um die US-Regierung eines Fehlverhaltens während des Prozesses zu beschuldigen. Dem Staatsanwalt warf er Korruptionsversuche vor.«[50] Die Angeklagten Banks und Means konnten es kaum fassen, sie waren frei. Kurz nach der Urteilsverkündung lagen sich die indianischen Aktivisten mit ihren Angehörigen und Freunden in den Armen. Durch die richterliche Rüge des Fehlverhaltens der US-Regierung waren sie zusätzlich so etwas wie die moralischen Sieger dieses Prozesses. »Wounded Knee II« schien für die indianische Bürgerrechtsbewegung doch noch zu einem guten Ende gekommen zu sein. Nahezu alle der 130 Anklagen endeten mit einem Freispruch oder waren bereits vor Prozeßeröffnung fallengelassen worden.

Wären tatsächlich die geforderten Höchststrafen verhängt worden, hätte das unter Umständen das Ende des *American Indian Movement* bedeutet. Zwei der prominentesten Sprecher wären bis an ihr Lebensende hinter Gittern verschwunden und unzählige Aktivisten hätten mehrjährige Haftstrafen antreten müssen. Die Wirkung einer solchen Massenverurteilung von über hundert AIM-Mitgliedern hätte wahrscheinlich eine tiefe Demoralisierung der gesamten indianischen Bürgerrechtsbewegung bedeutet. Die Angst vor einem solchen Debakel, die in den Wochen der Gerichtsverhandlung bleischwer über den Angeklagten lag, muß man berücksichtigen, will man die Bedeutung ermessen, die dieser Ausgang der Wounded-Knee-Prozesse für das *American Indian Movement* hatte. Denn das AIM ging gestärkt aus dieser juristischen Auseinandersetzung hervor. Nach der Besetzung und den folgenden Prozessen war die junge indianische Bürgerrechtsbewegung auf dem Gipfel ihrer Popularität angelangt. Ihre Sprecher waren in den gesamten USA bekannt, und zunehmend interessierten sich prominente Persönlichkeiten wie Jane Fonda oder Robert Redford für die Belange der amerikanischen Ureinwohner. Der Hollywood-Star Marlon Brando sagte in einem *Playboy*-Interview: »Dennis Banks ist ein bemerkenswerter Mann, er hat einen äußerst ausgeprägten Instinkt. (...) Er gehört zu der Sorte von Menschen, die sich junge Indianer als Vorbild nehmen können. Russell [Means] gehört zum gleichen Schlag.«[51]

## Terror auf Pine Ridge

Dieser überwältigende und publicityträchtige Erfolg vor Gericht sollte jedoch nicht über die tatsächliche Situation in den Indianerreservationen hinwegtäuschen. Sympathisanten und Aktivisten des *American Indian Movement* waren nach der Besetzung von Wounded Knee offenen Anfeindungen ausgesetzt. Besonders auf Pine Ridge hatten selbsternannte Ordnungshüter sich vorgenommen, gegen die »Unruhestifter« vorzugehen. Unter offenkundiger Duldung des Stammesratsvorsitzenden Richard Wilson begann ein regelrechtes Kesseltreiben, das sich nicht selten in brutalen Gewalttaten entlud. Die Liste der Terrorakte ist lang: Kurz nach Beginn der Wounded-Knee-Besetzung, in der Nacht des 1. März 1973, wurde das Haus eines prominenten Wilson-Gegners mit Brandsätzen bombardiert und brannte völlig aus. Am 19. Juni 1973 wurde der AIM-Anhänger Clarence Cross in seinem Auto erschossen. Zeugen gaben später zu Protokoll, daß drei Goons, also Mitglieder der paramilitärischen Privatarmee Richard Wilsons, das Auto beschossen hätten. Am 10. November 1973 wurde der AIM-Sympathisant Phillip Little Crow zu Tode geprügelt. Ein Mitglied der Goons wurde unter dem dringenden Verdacht des Totschlags festgenommen, kurze Zeit später wurde die Anklage fallengelassen. Am 15. November 1973 wurde der Bürgerrechtler Pat Hart von einem Heckenschützen beschossen. Eine Kugel durchschlug seinen Magen. Am 20. November 1973 fand man die Leiche des AIM-Mitglieds Allison Little Fast Horse in der Nähe der Ortschaft Pine Ridge. Am 7. Februar 1974 wurde das AIM-Mitglied Milo Goings beschossen. Der Heckenschütze verfehlte jedoch sein Ziel und traf statt dessen einen neunjährigen Jungen ins Gesicht.[52] Die Liste könnte noch verlängert werden und würde dennoch nichts anderes aussagen, als daß indianische Bürgerrechtler in dieser Zeit auf Pine Ridge um ihr Leben fürchten mußten. »Wenn wir während der Besetzung von Wounded Knee manchmal dachten: ‚Hier herrscht Krieg', dann wurden wir in der Folgezeit eines Besseren belehrt. Der Krieg begann erst nach der Besetzung«, beschrieb Ted Means Jahrzehnte danach diese schrecklichen Ereignisse.

Trotz oder vielleicht auch gerade wegen dieses Ausbruchs offener Gewalt gegen das *American Indian Movement*, beschloß Russell Means am Ende des Jahres 1973, bei der Wahl zum Stammesratsvorsitzenden gegen Richard Wilson anzutreten. Die Wahl sollte im Februar 1974 stattfinden, und nachdem Means seine Kandidatur bekanntgegeben hatte, verschärfte sich die Situation auf Pine Ridge. Gewalt und offene Anfeindungen zwischen Wilson-Anhängern und AIM-Sympathisanten entbrannten täglich neu. Mit gewohnt markigen Worten führte Wilson seinen Wahlkampf gegen Means und die ihn unterstützenden indianischen Bürgerrechtler. Sollte er wiedergewählt werden, so versprach er, würde er mit aller Macht gegen das AIM vorgehen. »Ich werde sie nicht tolerieren, und ich werde dieses Mal nicht die Marshalls rufen – dieses Mal werden wir es selbst erledigen«, drohte er.[53]

In der Nacht des 7. Februar 1974 waren überall auf der Reservation Gewehrschüsse zu hören. Es war Wahlabend gewesen und das endgültige Ergebnis lautete 1714 zu 1514 Stimmen. Wilson war knapp als Stammesratsvorsitzender wiedergewählt worden. Mit quietschenden Reifen fuhren die Goons durch die Reservation, feuerten mit Gewehren und Pistolen in die Luft und machten deutlich, wer in den nächsten zwei Jahren das Sagen hatte. »Wir waren damals maßlos enttäuscht und konnten uns nicht vorstellen, daß die Wahl mit rechten Dingen zugegangen war«, sagte Leola One Feather. Und tatsächlich erklärte die *US Civil Rights Commission*, die US-amerikanische Kommission für Bürgerrechte, die Wahl für ungültig, da mindestens ein Drittel der Stimmen unter fragwürdigen Bedingungen abgegeben worden seien. Doch das US-Justizminsterium erhob keinen Einspruch, und Wilson konnte sich in seinem Amt erneut vereidigen lassen. Elmer Bear Eagle erinnerte sich: »Nach der Wahl geschah das, was wir uns kaum vorstellen konnten: Es wurde noch schlimmer!«

Pine Ridge befand sich im Ausnahmezustand. Fast jeder auf der Reservation war inzwischen bewaffnet. Die Gewalt eskalierte und 1975 hatte die Bevölkerung der Pine-Ridge-Reservation die höchste Kriminalitätsrate in den gesamten USA, höher noch als die der berüchtigten Bronx. Selbst Besucher der Reservation lebten inzwischen gefährlich – zumindest, wenn sie offenkundige Sympathien für das *American Indian Movement* erkennen ließen.

Am 27. Februar 1975 flogen drei Anwälte des *Wounded Knee Legal Defense/Offense Committee* zusammen mit zwei

Assistenten nach Pine Ridge. Sie trafen sich dort mit dem Lakota-Indianer Bernard Escamilla, gegen den im Zusammenhang mit der Wounded-Knee-Besetzung ein Gerichtsverfahren lief. Die Anwälte waren mit Escamilla auf der Reservation unterwegs, befragten potentielle Zeugen und begutachteten noch einmal den Ort der Besetzung. Als sie nach mehreren Stunden zu dem kleinen Reservations-Flugplatz zurückkehrten, war ihr Flugzeug völlig zerschossen. Noch bevor sie die Situation wirklich realisieren konnten, war ihr Auto von einer Gruppe bewaffneter Männer umringt. Die Goons schlugen unter wildem Geschrei auf den Wagen ein, die Fensterscheiben gingen zu Bruch und die Anwälte wurden ins Freie gezerrt. Nach Aussagen aller Opfer wurden sie daraufhin mit an die Schläfen gehaltenen Pistolen Richard Wilson vorgeführt, der etwas abseits in seinem Auto wartete. Wilson soll dann »Zeigt's denen!« gesagt haben, und die Goons begannen auf ihre unbewaffneten Opfer einzuschlagen. Einer der Anwälte, Roger Finzel, wurde besonders brutal gequält. Mehrere Goons hielten ihn fest, so daß einer von Wilsons Männern mit seinem Messer Finzels Stirn zerschneiden konnte. Höhnisch lachend sollen sie Finzel dann auf den staubigen Boden geworfen haben. Die Botschaft dieser brutalen Aktion war eindeutig: Wer sich für das AIM einsetzt, lebt auf der Reservation gefährlich.

Die Anwälte erstatteten Anzeige gegen Wilson und dessen Handlanger, von denen einige durch die Opfer identifiziert werden konnten. Das FBI ordnete daraufhin Lügendetektoren-Tests an, nicht mit Wilson und seinen Goons, sondern mit den gepeinigten Anwälten. Die Anklage gegen Wilson, die erst nach tagelangem Protest der aufgebrachten Anwälte erhoben worden war, wurde bald darauf fallengelassen.[54]

»Es herrschte damals Krieg auf der Reservation – Bürgerkrieg«. Elmer Bear Eagle lehnt sich in seinem Holzstuhl zurück, als er sich an jene düsteren Tage im Frühjahr 1975 erinnert. »Hinter jedem Strauch konnte ein Heckenschütze lauern. Es war einfach unglaublich. Eine AIM-Sympathisantin wurde beispielsweise erschossen, als sie mit ihrem Auto einen Platten hatte. Einfach so, ohne Grund. Keine Warnung, nichts. Nur ein Schuß.« Kopfschüttelnd hält Bear Eagle kurz inne, bevor er weiterspricht: »Wenn du damals aus dem Haus gegangen bist, hast du immer eine Pistole mitgenommen. Fast jeder war bewaffnet. Was hätten wir denn anderes tun sollen?« Elmer Bear Eagle lebt noch heute auf der Pine-Ridge-Reservation in Süd-Dakota. Wie die meisten Traditionalisten unter den Lakota-Indianern hat er lange Haare. Seinen Lebensunterhalt bestreitet er durch Gelegenheitsjobs und durch soziale Zuwendungen der US-Regierung (ungefähr 350 Dollar im Monat) – der unglaublich hohen Arbeitslosenquote von etwa 75 Prozent auf der Reservation konnte auch er nicht entfliehen. Bear Eagle ist ein lebenslustiger Mensch. Genüßlich kann er stundenlang Geschichten erzählen, die er immer wieder mit einem trockenen Witz garniert. Nur wenn er auf die frühen siebziger Jahre, auf den Kampf des *American Indian Movement* und auf den Terror in Pine Ridge angesprochen wird, verfinstert sich sein Gesichtsausdruck. Plötzlich ist er ganz ernst: »Die Atmosphäre, die damals über der Reservation lag, dieses Gemisch aus Drohungen, Gewalt und Angst, kann man nicht beschreiben. Man muß die Zeit erlebt haben, um verstehen zu können, was damals vor sich ging.«

Die Situation auf Pine Ridge eskalierte. In einem Zeitraum von etwa vier bis fünf Jahren wurden – nach offiziellen Angaben – mehr als 60 AIM-Mitglieder und Sympathisanten der Bürgerrechtler ermordet. Kein einziger dieser Morde wurde aufgeklärt. Mehrere hundert indianische Aktivisten wurden in diesem Zeitraum verwundet.[55] Langsam schien es fast so etwas wie ‚makabere Normalität' zu sein, daß man von Zeit zu Zeit Leichen indianischer Bürgerrechtler fand. Angesichts dieser erschreckenden Zahlen verwundert es wohl wenig, daß sich die Mitglieder des *American Indian Movement* und die traditionalistischen Lakota genötigt sahen, sich selbst zu verteidigen. »Wer hätte uns denn helfen sollen?« fragte Ted Means. »Die offiziellen Polizeibehörden schienen doch den Terror, dem AIM ausgesetzt war, schlicht und einfach zu ignorieren.«

## Ein Hilferuf

»Wer hätte uns denn helfen sollen?« – Die Frage, die Means in einem Gespräch Jahre später stellte, wurde 1975 in Pine Ridge heftig diskutiert. Immer wieder trafen sich traditionalistische Lakota-Indianer und AIM-Aktivisten, immer wieder wurde nach Möglichkeiten gesucht, dem Terror auf Pine Ridge zu begegnen. Nach jedem neuen Todesfall war man über das Vorgehen der offiziellen Polizeibehörden, des *Bureau of Indian Affairs* und der US-Marshalls enttäuscht. Jedesmal, wenn wieder ein Mord ungeklärt zu den Akten gelegt wurde, sprachen die Bürgerrechtler von »halbherzigen Untersuchungen«. Man fühlte sich bedroht, und die hohe Zahl ungeklärter Todesfälle schien dieses Gefühl auf fatale Weise zu bestätigen.

Die Stammesältesten wollten nicht unbedacht reagieren. Lange Zeit hatten sie Angst, daß durch vorschnelles Agieren die Situation noch zusätzlich angeheizt werden könnte. Doch im Frühjahr 1975 beschlossen sie, nicht länger tatenlos zuzusehen, wie die Gewalt in Pine Ridge stetig zunahm. Anfang April 1975 unterzeichneten sie schließlich eine Resolution, in der das *American Indian Movement* landesweit um Hilfe gebeten wurde. Das AIM sollte versuchen, die Traditionalisten auf der Reservation zu beschützen. Kurze Zeit nachdem die Resolution unterzeichnet worden war, zog Dennis Banks nach Pine Ridge. Auf dem Land des alten Ehepaares Harry und Cecilia Jumping Bull, das sich in der Nähe der Ortschaft Oglala befindet, begann er, ein Camp zu errichten. Bald nachdem Banks sich auf dem Land der Jumping Bulls niedergelassen hatte, kamen weitere AIM-Aktivisten, unter ihnen Anna Mae Aquash, eine engagierte Bürgerrechtlerin und alte Freundin von Banks. Ein anderer Neuankömmling war Leonard Peltier, der gerade untergetaucht war, weil er polizeilich gesucht wurde. Da er im Sommer 1974 nicht zur Gerichtsverhandlung über die Restaurant-Streitigkeit in Milwaukee erschienen war, in deren Zusammenhang ihm versuchter Mord zur Last gelegt wurde, war er bundesweit zur Fahndung ausgeschrieben worden. Die Gruppe um Dennis Banks vergrößerte sich – das Camp begann, Gestalt anzunehmen. Wie nun aber tatsächlich die Selbstverteidigung der traditionalistischen Lakota organisiert werden sollte, darüber waren sich die AIM-Aktivisten noch im unklaren. Zunächst sollte das Camp, alleine durch seine Existenz, eine moralische Unterstützung darstellen. Wobei angemerkt werden muß, daß die Bewohner des Lagers durchaus bewaffnet waren und auch Bereitschaft signalisierten, sich notfalls mit Gewalt zur Wehr zu setzen.

## Das FBI auf der Reservation

Obwohl kaum einer der in der offiziellen Polizeistatistik auftauchenden Morde an indianischen Bürgerrechtlern aufgeklärt wurde, nahm die Polizeipräsenz auf der Pine-Ridge-Reservation in dieser Zeit massiv zu. Immer mehr US-Marshalls wurden in der Nähe der Reservation stationiert. Nach Angaben des *Leonard Peltier Defense Committees* hatte das FBI in den Jahren 1972 bis 1975 sein Kontingent an Agenten in diesem entlegenen Teil Süd-Dakotas verzwanzigfacht. Im Mai 1975 waren 60 FBI-Agenten in und um Pine-Ridge stationiert. Außerdem trainierte das FBI inzwischen SWAT-Teams auf der Reservation. SWAT ist ein Kürzel, das für »Special Weapons and Tactics« steht. Es handelt sich bei SWAT-Teams um Spezialeinheiten, die mit besonderen Waffen ausgestattet sind.[56] Wie bereits erwähnt, hatte das FBI den Aufbau des AIM-Camps auf dem Jumping-Bull-Gelände durchaus wahrgenommen und fälschlicherweise sogar »Bunkeranlagen« dort vermutet und damit spekuliert, »militärische Angriffsverfahren« zu verwenden, falls die AIM-Aktivisten Widerstand leisten sollten.[57] Nach dem Feuergefecht vom 26. Juni 1975 wurde jedoch festgestellt, daß solche »Bunkeranlagen« nie existierten.

In den nahegelegenen Black Hills, den heiligen Bergen der Lakota, führte die Nationalgarde im Mai und Juni 1975 ein Manöver durch, an dem etwa 1000 Nationalgardisten teilnahmen. Dies mag Zufall sein, und doch wird durch diesen Zufall deutlich, wie stark die Präsenz von staatlichen Ordnungskräften war, die rings um Pine Ridge lagerten. Mitte Juni 1975, genauer gesagt am 16. Juni, soll das FBI, nach Angaben des *Leonard Peltier Defense Committees*, noch weitere Agenten angefordert haben.[58]

Zehn Tage später, am 26. Juni 1975, einem jener berüchtigten Sommertage im US-Bundesstaat Süd-Dakota, an dem schon am späten Vormittag die Sonne hoch am Himmel steht, machten sich zwei FBI-Agenten auf den Weg Richtung Oglala. Sie wollten zum Jumping-Bull-Gelände fahren, um einen 19jährigen Lakota zu suchen, der ein Paar Cowboy-Stiefel gestohlen haben sollte. Die unerträgliche Hitze schien an diesem Tag die Luft zum Flimmern zu bringen. Die Pine-Ridge-Reservation war in gleißendes Gelb getaucht. Schweißperlen benetzten die Körper der Bewohner und die Quecksilbersäulen der Thermometer versuchten allem Anschein nach, einen neuen Höhenrekord aufzustellen ...

Am Ende dieses Tages waren die beiden FBI-Agenten Ronald Williams und Jack R. Coler tot. Joe Killsright Stuntz, ein junger AIM-Aktivist, hatte ebenfalls sein Leben verloren. Das Jumping-Bull-Gelände glich einem Schlachtfeld. Bis zum Abend waren über 150 bewaffnete Einsatzkräfte am Tatort: FBI-Agenten, Stammespolizisten, US-Marshalls, Nationalgardisten und Freiwilligenverbände weißer Rancher. Gegen 18:00 Uhr stürmten die Einsatzkräfte die Häuser des Jumping-Bull-Geländes. Nach dem Sturmangriff war es dort totenstill. Die Häuser waren leer, die AIM-Aktivisten waren inzwischen auf der Flucht. Vier der flüchtigen Bürgerrechtler – Jimmy Eagle, Bob Robideau, Dino Butler und Leonard Peltier – galten kurz darauf als Hauptverdächtige. Einer von ihnen mußte schließlich für den Tod der beiden FBI-Beamten bezahlen: Leonard Peltier.

# Zweiter Teil

## Der Fall Leonard Peltier

# 1. Nach dem Feuergefecht

## Die Untersuchungen des FBI auf der Reservation

»Sie kamen hierher, als wäre es Vietnam«, sagte Kamook Nichols, die Frau von Dennis Banks, über die Art und Weise, wie das FBI die Untersuchungen nach dem Feuergefecht auf der Reservation führte. »Kleine Panzerwagen, Helikopter, Kampfausrüstungen, M-16-Schnellfeuergewehre. Sie terrorisierten unsere Kinder, richteten Gewehre auf sie.«[59]

Sicherlich muß man bei einer Bewertung des FBI-Vorgehens im Gefolge des Feuergefechts berücksichtigen, daß zwei FBI-Agenten getötet worden waren. Und zwar wurden sie allem Anschein nach erschossen, nachdem sie sich ergeben hatten. Der Mord an kampfunfähigen Gegnern ist an sich schon eine verabscheuungswürdige Tat. Wenn es sich dabei um Polizisten handelt, reagiert jeder Staat, jede Polizeibehörde besonders sensibel. Der Mord an einem Polizisten wird gleichsam als Angriff auf die staatliche Ordnung aufgefaßt. Polizistenmord wird wahrscheinlich überall auf der Erde besonders unnachgiebig verfolgt. Hinzu kommt der Korpsgeist innerhalb des Kollegenkreises der Polizei: »Das, was den beiden ermordeten Beamten geschehen ist, hätte jeden von uns treffen können«, lautet in der Regel die einhellige Meinung. Die Kugeln galten nicht den Polizisten als Individuen, als Personen, sie trafen die beiden jungen Beamten lediglich aufgrund ihrer Funktion, der Funktion als Ordnungshüter. Schließlich muß man berücksichtigen, daß es sich nicht um irgendwelche Polizisten handelte, sondern um FBI-Agenten. Die Beamten des FBI, der Bundespolizeibehörde, gelten als besonders gut ausgebildet. Ihre Aufgabe ist es, die nationale Sicherheit im Innern der USA zu gewährleisten. Ein Anschlag auf einen FBI-Beamten ist im Selbstverständnis des FBI deshalb gleichsam ein Anschlag auf die innere Sicherheit der USA. Diese Gedankengänge muß man in Rechnung stellen, wenn man verstehen will, weshalb das FBI mit aller Macht versuchte, den oder die Täter zu finden – koste es, was es wolle. Und dabei alles andere als zimperlich zu Werke ging.

Doch auch wenn man dies alles zugrunde legt, muß es in einem Rechtsstaat Grenzen der Polizeiarbeit geben, die nicht überschritten werden dürfen. Wenn man den Beschreibungen und Darstellungen der damals Betroffenen Glauben schenkt, dann agierte die Bundespolizei in den Wochen nach der Schießerei fast so, als befände sie sich in einem Kriegsszenarium. Das FBI rückte mit »schwerem Kriegsgerät« an, Häuser wurden gestürmt und Verdächtige sehr rabiat behandelt. Das Vorgehen war wohl so hart an der Grenze rechtsstaatlichen Handelns, daß die *US Civil Rights Commission* von einer »Überreaktion des FBI«[60] sprach und die »umfassende militärische Invasion«[61] der Reservation verurteilte.

Als Beispiel für dieses Vorgehen kann die »Erstürmung« des Grundstücks von Leonard Crow Dog genannt werden, einem bekannten Medizinmann der Lakota, der während der Besetzung von Wounded Knee zum spirituellen Sprecher des *American Indian Movement* geworden war. Am Morgen des 5. September 1975 stürmten unzählige schwerbewaffnete FBI-Agenten in kugelsicheren Westen und Kampfanzügen, unterstützt von Hubschraubern und gepanzerten Militärfahrzeugen, das Land des Medizinmannes und das angrenzende

Grundstück eines indianischen Bürgerrechtlers. Unter den festgenommenen Indianern war auch Anna Mae Aquash, die Mitstreiterin und Freundin von Dennis Banks und Leonard Peltier. »Sie stürmten herein. Es waren mindestens 50 von denen, bewaffnet bis an die Zähne«, beschrieb Anna Mae Aquash ihre Festnahme. »Sie zogen die Leute aus den Zelten, aus den Betten. Einige von uns waren nackt. Sie richteten M-16-Schnellfeuergewehre auf uns und wir mußten uns in einer Reihe aufstellen. Dann fragten sie: ‚Okay, *Motherfucker*, wer hat die Agenten getötet?‘« Nach Angaben der Festgenommen sollen auch einige Indianer geschlagen worden sein.[62]

Das FBI suchte fieberhaft nach Waffen und Beweismitteln, die auf einen Zusammenhang mit dem Feuergefecht bei Oglala hinwiesen. Während auf dem gesamten Land von Crow Dog keine Waffen gefunden werden konnten, wurden die Agenten auf dem angrenzenden Grundstück fündig: Gewehre, abgesägte Schrotflinten, Revolver und ein halbautomatisches AR-15-Gewehr - mit einem solchen Gewehr waren die beiden FBI-Agenten erschossen worden. Etwas später wurde dann sogar der Dienstrevolver des bei Oglala erschossenen FBI-Agenten Ronald Williams gefunden.[63] Das brachiale Vorgehen des FBI schien gerechtfertigt gewesen zu sein, zumal sich unter den Festgenommen Dino Butler befand, einer der Hauptverdächtigen für den Mord an den beiden *Special Agents*. Nachforschungen ergaben zusätzlich, daß sich kurz zuvor noch Leonard Peltier und Bob Robideau, zwei weitere Hauptverdächtige, auf dem Grundstück von Crow Dog aufgehalten hatten. Die Bundespolizei konnte mit ihrer Aktion zufrieden sein.

Die Ermittlungen des FBI liefen auf Hochtouren. Bereits kurz nach dem Feuergefecht bei Oglala war eine Liste der möglichen Täter erstellt worden, die zu diesem Zeitpunkt noch aus 30 Personen bestand. Die Liste wurde später auf zunächst 15 Personen reduziert, bis am Ende Leonard Peltier, Bob Robideau, Dino Butler und Jimmy Eagle als vermeintliche Täter identifiziert waren. Jimmy Eagle ist der 19jährige Lakota, der die besagten Cowboy-Stiefel gestohlen haben soll.

Auch im Bereich der Öffentlichkeitsarbeit wurde das FBI aktiv. Sofort nachdem die beiden toten Agenten gefunden worden waren, wurden Meldungen veröffentlicht, in denen von einem wohlorganisierten Hinterhalt die Rede war. Die beiden FBI-Agenten seien von Terroristen in eine Falle gelockt und kaltblütig hingerichtet worden. Bis heute hält das FBI an dieser Darstellung fest. Noch 1994 veröffentlichte die *Federal Bureau of Investigation Agents Association* in mehreren Zeitungen eine große Anzeige mit der Überschrift: »Sehr geehrter Herr Präsident: Leonard Peltier ermordete zwei FBI-Agenten. Er verdient keine Gnade«. In dieser Anzeige war zu lesen:

»Von der unerwarteten Gewalt überrascht (...) in einem extremen taktischen Nachteil, waren Coler und Williams innerhalb von Minuten verwundet und wehrlos. (...) Coler, ein ehemaliger Sergeant des *Los Angeles Police Department*, der zwei kleine Söhne hatte, und Williams, ein umgänglicher und freundlicher ehemaliger Büroangestellter des FBI, waren auf die Gnade von Peltier und dessen Partnern angewiesen. Aber an diesem Tag gab es keine Gnade für diese guten jungen Polizisten. Durch die fürchterlichen Verletzungen, die sie den beiden zugefügt hatten, noch nicht befriedigt, gingen Peltier und zwei weitere Männer den Hügel zu den in einen Hinterhalt gelockten Polizisten hinunter. Drei Schüsse wurden gehört. Williams, der auf dem Boden kniete und sich offenkundig ergeben hatte, wurde durch seine ausgestreckte, vermeintlich Schutz bietende Hand direkt ins

Gesicht geschossen. Er war sofort tot. Coler, immer noch bewußtlos, wurde zwei Mal aus nächster Nähe in den Kopf geschossen. Er starb sofort nach dem zweiten Schuß. (...) Die Untersuchungen führten schnell zu einer Konzentration auf Leonard Peltier als Täter der Hinrichtung. (...) Leonard Peltier lebte ein Leben voller Kriminalität. Er hat ein Leben hinter Gittern verdient und erhalten. Er ist ein Mörder ohne Mitgefühl für seine Mitmenschen. (...) Leonard Peltier ist ein bösartiger, gewalttätiger und feiger Krimineller, der sich hinter den legitimen Anliegen amerikanischer Ureinwohner versteckt. (...) Unsere Bürger, in und außerhalb der Reservationen, müssen vor Raubtieren wie Peltier geschützt werden.«[64]

Der Wortlaut dieser Anzeige, die 19 Jahre nach den tragischen Ereignissen des 26. Juni 1975 veröffentlicht wurde, macht deutlich, wie betroffen das FBI über die Ermordung seiner beiden Agenten war und ist. Der Mord an diesen beiden Polizisten wurde und wird allem Anschein nach tatsächlich als direkter Anschlag auf das FBI aufgefaßt. Und die Betroffenheit scheint so tief zu gehen, daß trotz aller juristischer Zweifel, die immer wieder an der Rechtmäßigkeit der Verurteilung Peltiers geäußert wurden, ein einfaches Schwarz-Weiß-Schema gezeichnet wird. Auf der einen Seite stehen die »guten jungen Polizisten« – ein Familienvater und ein ehemaliger Büroangestellter –, auf der anderen Seite das »Raubtier« Peltier, ein »bösartiger, gewalttätiger und feiger Krimineller«, der keine Gnade verdient.

## Verhaftungen

Der massive Polizeieinsatz des FBI führte recht bald zu ersten Erfolgen. Bereits Anfang Juli 1975 stellte sich der 19jährige Jimmy Eagle der Polizei. Im September des gleichen Jahres explodierte in der Nähe von Wichita ein alter Truck, der vollgeladen war mit Waffen, Munition und Lebensmitteln. Unter den verwundeten Insassen des Wagens befand sich Bob Robideau, der nach einem Krankenhausaufenthalt ins Gefängnis überführt wurde. Im ausgebrannten Wagen Robideaus wurde das Gewehr des ermordeten FBI-Agenten Jack R. Coler und ein halbautomatisches AR-15-Gewehr gefunden. Diese AR-15 wird bis heute vom FBI als Tatwaffe angesehen,[65] obwohl ballistische Gutachten dem widersprechen – doch dazu später. Für den Augenblick genügt die Feststellung, daß Robideau festgenommen wurde, als er mit einem alten Truck voller Munition und Waffen auf der Flucht war, daß das Gewehr des toten Agenten Jack Coler und die »vermeintliche Tatwaffe« bei ihm gefunden wurde.

Dino Butler konnte ebenfalls im September 1975 festgenommen werden und zwar bei der bereits dargestellten Erstürmung des Grundstücks von Leonard Crow Dog. Auch hier wurden gleichzeitig unzählige Waffen und ein halbautomatisches AR-15-Gewehr gefunden. Darüber hinaus befand sich auf diesem Grundstück der Revolver des toten FBI-Agenten Ronald Williams.

Ende September 1975 waren also drei der vier Hauptverdächtigen bereits in Haft. Die FBI-Arbeit war offenkundig erfolgreich gewesen. Zumal bei Butlers und Robideaus Verhaftung jeweils eine der Waffen gefunden wurde, die den Opfern nach ihrer Tötung weggenommen worden waren. Das waren natürlich schwerwiegende Indizien. Ende November 1975 wurde dann offiziell gegen Jimmy Eagle, Bob Robideau, Dino Butler und – in Abwesenheit – Leonard Peltier die Anklage des zweifachen Mordes erhoben. Peltier war damals noch auf der Flucht. Er galt zu dieser Zeit als einer der gemeingefährlichsten Terroristen der USA. Das FBI zählte ihn inzwischen zu den zehn meistgesuchten Männern Amerikas.

Im November 1975 wurde Peltier zum ersten Mal fast verhaftet. Auf einer Autobahn in der Nähe von Oregon hielt ein Streifenpolizist ein Wohnmobil an, in dem sich mehrere Indianer befanden. Mit gezogenem Revolver befahl der Polizist den Insassen, das Wohnmobil zu verlassen. Peltier trat mit erhobenen Händen nach draußen. Kurz darauf kam es zu einem Schußwechsel - eine der Personen, die sich in dem Wohnmobil befand, hatte anscheinend das Feuer eröffnet. Peltier nutzte die Gelegenheit und rannte die Böschung hinunter. Der Streifenpolizist feuerte mehrmals auf ihn - und hat ihn wohl auch getroffen. Dennoch konnte Peltier im Unterholz verschwinden. Das Wohnmobil fuhr mit Vollgas davon. Einige Zeit später wurde das leere Wohnmobil in einer Seitenstraße gefunden, daneben lag die Pistole, mit der auf den Streifenpolizisten geschossen worden war. In dem Wohnmobil und in einem offenkundig zum Wohnmobil gehörenden Personenwagen wurden Waffen und Sprengstoff gefunden. Unter den sichergestellten Schußwaffen befand sich auch dieses Mal eine AR-15. Außerdem wurde unter dem Fahrersitz des Wohnmobils der Dienstrevolver des toten FBI-Agenten Jack Coler entdeckt. Als Insassen des Wohnmobils wurden bald darauf unter anderem Leonard Peltier, Dennis Banks und Anna Mae Aquash identifiziert.[66]

Als Besonderheit muß noch erwähnt werden, daß das Wohnmobil, mit dem sich Leonard Peltier auf der Flucht befand - er war zu dieser Zeit immerhin einer der zehn meistgesuchten Männer Amerikas -, auf den Namen Marlon Brando zugelassen war. Brando gilt als bekennender Sympathisant der indianischen Bürgerrechtsbewegung. Besondere Brisanz erhält der Fall dadurch, daß das Wohnmobil nicht als gestohlen gemeldet war. Mit anderen Worten heißt das, daß

Brando den flüchtigen Indianern freiwillig sein Wohnmobil überlassen hat. Seltsamerweise erstattete das FBI jedoch gegen Brando keine Anzeige wegen Beihilfe zur Flucht. Selbst dann nicht, als der Schauspieler öffentlich zugab, den Indianern geholfen zu haben. Brando versteckte Dennis Banks nach diesem Vorfall sogar auf seiner Südseeinsel in Tahiti. Der Publizist Lawrence Grobel sprach in einem Interview Brando direkt auf diese Vorfälle an: »Vor einiger Zeit war Dennis Banks, der indianische Aktivist, in eine Schießerei mit einer Polizeistreife in Oregon verwickelt. Sein Trailer wurde völlig zerschossen, und als die Polizei den Eigentümer ausfindig machen wollte, stellte sich heraus, daß Sie es waren. Hätte man Sie nicht wegen Unterstützung und Beihilfe für einen Flüchtigen vor Gericht stellen können?« Brando antwortete lapidar, ja fast gelangweilt: »Ich will es mal so ausdrücken: Sicher würde ich jeden Indianer unterstützen und ihm helfen, wenn er zu mir kommt. Dennis war hier auf Tahiti. Ich habe ihn eingeladen, weil die Polizei hinter ihm her war.« Und auf die interessierte Nachfrage, warum das FBI nicht gegen ihn vorgegangen sei, führte er aus: »Das Justizministerium sah keinen praktikablen Weg, mich strafrechtlich zu verfolgen, ohne daß die Angelegenheit hochgekocht wäre und großes Aufsehen erregt hätte. Russell Means ins Gefängnis zu werfen, ist eine Sache, aber wenn man mich wegen Beihilfe und Unterstützung eines Indianers belangt hätte, der wegen politischen Drucks untertauchen mußte, ist das eine ganz andere Sache; diesen Fall mußte man besonders sorgfältig anfassen.«[67]

Angesichts des massiven und kompromißlosen Vorgehens des FBI gegen alle indianischen Aktivisten, die sich im Zusammenhang mit dem Mord an den beiden Agenten verdächtig gemacht hatten, ist die laxe Haltung gegenüber Marlon Brando nur schwer nachzuvollziehen, zumal sich Brando gegenüber FBI-Beamten, die ihn wegen der Sache mit dem Wohnmobil befragen wollten, recht provokativ verhalten haben soll. Nach Angaben von Kenneth Stern vermutete das FBI bereits im Sommer 1975, daß Brando flüchtige AIM-Aktivisten unterstützt, vor allem Dennis Banks, dem er freundschaftlich verbunden ist. *Special Agents* sollen ihn während der Dreharbeiten zu dem Film *Duell am Missouri* aufgesucht haben. Bei diesem Besuch habe Brando »Komödie gespielt«, so Stern. Immer wenn die FBI-Agenten ihm eine Frage gestellt hätten, hätte er gelächelt und mit einem anderem Thema das Gespräch fortgeführt. Anfang Dezember 1975, zwei Wochen nach dem Zwischenfall mit dem Wohnmobil, suchten erneut zwei FBI-Agenten den Hollywood-Star auf. Marlon Brando, der nach Angaben der *Special Agents* »sehr gefällig und höflich« gewesen sein soll, weigerte sich, über die Sache mit dem Wohnmobil zu sprechen. Statt dessen erläuterte er den Beamten seine Sicht der Probleme amerikanischer Ureinwohner: »Die gegenwärtige Situation der amerikanischen Indianer ist schrecklich. Eine nationale Schande. (...) Und unsere Regierung ist Teil des Problems.«[68]

Es ist seltsam, wie zurückhaltend das FBI auf Brandos Verhalten reagierte. Einerseits wurde er allem Anschein nach nicht einmal zu einer Aussage gezwungen. Andererseits sprach der Hollywood-Star freimütig in aller Öffentlichkeit darüber, daß er die flüchtigen indianischen Aktivisten unterstützt hat. Und das FBI hat scheinbar bei all dem nur zugeschaut. Das legt tatsächlich den Verdacht nahe, daß hier mit zweierlei Maß gemessen worden ist. Einen indianischen Bürgerrechtsaktivisten »ins Gefängnis zu werfen, ist eine Sache, aber wenn man mich wegen Beihilfe und Unterstützung eines Indianers belangt hätte (...) ist das eine ganz andere Sache«, verwies Brando selbst auf diese Doppelmoral.[69] Eigentlich – so steht es zumindest in den Gesetzbüchern –

müßte das Gesetz gegen jeden Bürger durchgesetzt werden, unabhängig von Ansehen und Person.

Drei Monate nach dem Zwischenfall in Oregon wurde Peltier in Kanada entdeckt. Am 6. Februar 1976 wurde er dort verhaftet. Die US-Regierung stellte sofort einen Auslieferungsantrag. Peltier allerdings versuchte, in Kanada politisches Asyl zu erhalten. Zunächst sah es aus, als ob Peltiers Hoffnung auf Asyl durchaus begründet sei, bis das FBI drei eidesstattliche Aussagen einer vermeintlichen »Augenzeugin« präsentierte, die zu Protokoll gegeben hatte, daß sie gesehen habe, wie Peltier die beiden verwundeten und entwaffneten FBI-Agenten aus nächster Nähe erschossen hätte. Dem Antrag auf Auslieferung wurde aufgrund dieser neuen Beweislage stattgegeben und Peltier wurde in die USA überführt. Noch bevor er aus Kanada abtransportiert wurde, »adoptierten« die kanadischen Kwakiutl-Indianer Peltier, schenkten ihm ein großes Stück Land auf der Kwakiutl-Reservation und verliehen ihm den Namen *Gwarth-ee-las*, was »*Er führt sein Volk*« bedeutet.

## Der Fall Anna Mae Aquash

Nach der Verhaftung Peltiers in Kanada befanden sich nun alle vier hauptverdächtigen AIM-Aktivisten, denen die Morde an den beiden FBI-Agenten zur Last gelegt wurden, hinter Gittern. Während das *American Indian Movement* angespannt auf die folgenden Gerichtsverhandlungen wartete, änderte sich die politische Situation in Pine Ridge. Richard Wilson war im Januar 1976 abgewählt worden. Der neue, als gemäßigt geltende Stammesratsvorsitzende Al Trimble versprach, die Gewalt auf der Reservation einzudämmen.

Doch die vorsichtigen Hoffnungen auf eine Besserung der politischen Lage und auf faire Gerichtsverhandlungen für

Peltier, Butler, Robideau und Eagle wurden jäh gestört, als am 24. Februar 1976 auf der Pine-Ridge-Reservation die Leiche einer Frau gefunden wurde. Fast hätte der Farmer, der auf seinen Feldern nahe der Ortschaft Wanblee einen Routinerundgang machte, die Leiche gar nicht gesehen, denn das ganze Landstück war mit Schnee bedeckt.[70] Die Wintermonate in Süd-Dakota sind bitterkalt. Schnee und Eis am Tag und starker Frost in der Nacht prägen das Bild dieser Jahreszeit im Nordwesten der USA. Nachdem der Farmer die tote Frau gefunden hatte, fuhr er sofort nach Hause und rief die Polizei. Mit einer ungewöhnlich großen Einsatzgruppe, bestehend aus FBI-Agenten und Stammespolizisten, erschienen die Ordnungshüter kurz darauf am Tatort.

Die Leiche wurde ins Krankenhaus von Pine Ridge gebracht, wo der Pathologe Dr. W. O. Brown in Anwesenheit von FBI-Beamten eine Autopsie durchführte. Anzeichen auf einen gewaltsamen Tod konnte Dr. Brown nicht feststellen. Wahrscheinlich, so der Arzt, sei die Person betrunken gewesen, durch die Gegend geirrt, gestürzt und dann erfroren. Die offizielle Todesursache lautete nach dieser Autopsie »Tod durch Erfrieren«. Daß die Kleidung der toten Indianerin der These, sie sei »alleine da draußen umhergelaufen«, widersprach, interessierte anscheinend niemanden. Wie gesagt, sind die Wintermonate in Süd-Dakota bitterkalt. Die tote Frau allerdings trug lediglich eine kastanienbraune Windjacke, Jeans und blaue Turnschuhe. Nicht unbedingt die Art von Bekleidung, mit der man bei Schnee und Eis eine Wandertour macht.

Entgegen dem normalen Vorgehen bei einer Autopsie, trennte Dr. Brown im Auftrag eines anwesenden FBI-Beamten beide Hände von der Leiche ab. Die Hände sollten nach Washington geschickt werden, um die Identität der Indianerin feststellen zu lassen. Warum die Fingerabdrücke nicht von der Leiche genommen wurden, wie es normalerweise gehandhabt wird, wurde nie begründet.

Noch bevor die tote Frau identifiziert worden war, wurde sie auf Anordnung des FBI am 3. März 1976 anonym bestattet.[71] Diese Eile mutet seltsam an, war doch die Identifikation mittels der abgeschnittenen Hände in die Wege geleitet worden. Warum also diese Hast, statt zu warten, bis die Identifizierung erfolgt war und ein Begräbnis mit Beteiligung der Angehörigen möglich gewesen wäre?

Kurz nach der Bestattung, noch am gleichen Tag, konnte die Identität der Leiche festgestellt werden: Es handelte sich um die dreißigjährige Anna Mae Aquash, AIM-Aktivistin und enge Vertraute von Dennis Banks und Leonard Peltier. Es ist seltsam, daß keiner der FBI-Agenten, die am Tatort und bei der Autopsie anwesend waren, Aquash erkannte. Schließlich war sie vom FBI zur Fahndung ausgeschrieben und seit längerem als enge Mitstreiterin von Leonard Peltier bekannt. Sie war nachweislich während des berüchtigten Feuergefechts vom 26. Juni 1975 auf dem Jumping-Bull-Gelände und befand sich während des kurzen Schußwechsels in Oregon mit Peltier und Banks in Marlon Brandos Wohnmobil.

Am 5. März 1976 wurde Anna Mae Aquashs Mutter vom Ableben ihrer Tochter unterrichtet. Kenneth Stern schreibt über die Reaktion der Freunde und Verwandten: »Es war schwierig genug, zu akzeptieren, daß Anna Mae tot war. Aber daß sie erfroren sein soll, war unmöglich. (...) Sie hat nie Alkohol getrunken. Niemand, der sie kannte, glaubte, daß sie erfroren wäre.«[72] Die Angehörigen beauftragten einen der Rechtsanwälte des *Wounded Knee Legal Defense/Offense Committee*, eine Exhumierung der Leiche und eine zweite Autopsie zu beantragen.

Dem Antrag wurde stattgegeben, und am 11. März 1976 führte Dr. Garry Peterson, ein unabhängiger Pathologe aus

Minnesota, eine zweite Autopsie durch. Dabei wurde die bisherige offizielle Todesursache revidiert. Nicht Erfrierungen waren der Grund für Anna Mae Aquashs Ableben, sondern eine Revolverkugel, die aus nächster Nähe in ihren Hinterkopf geschossen worden war. Die Kugel befand sich noch in der Leiche, als Peterson die zweite Autopsie durchführte. Es ist schwer nachzuvollziehen, wie so etwas bei einer Obduktion übersehen werden konnte. Bei der Untersuchung einer Leiche ein blutverkrustetes Einschußloch nicht wahrzunehmen – so etwas ruft mehr als zweifelnde Blicke und Stirnrunzeln hervor.

Der Fall Anna Mae Aquash ist mit vielen Fragezeichen versehen: Warum erkannte keiner der am Tatort und bei der ersten Autopsie anwesenden FBI-Agenten die zur Fahndung ausgeschriebene Aquash? Warum hat kein Stammespolizist und kein FBI-Beamter das blutverkrustete Einschußloch im Hinterkopf der Toten gesehen? Weshalb wurde nicht versucht, die Identität der Leiche dadurch festzustellen, daß man sie anderen Reservationsbewohnern zeigt? Warum wurden der Toten die Hände abgeschnitten? Warum wurde die Bestattung so übereilt angeordnet? Und schließlich die schwerwiegendste aller Fragen: Wie konnte bei einer Autopsie solch eine Fehldiagnose gestellt werden?

Auf keine dieser Fragen konnte bislang eine befriedigende Antwort gegeben werden. In jüngerer Zeit kamen Stimmen auf, die Anna Mae als Opfer interner Streitigkeiten des radikalen Flügels der indianischen Bürgerrechtsbewegung betrachten. In einer Zeit der Verunsicherung und Gewalt sei sie verdächtigt worden, eine FBI-Informantin zu sein. Und übereifrige Aktivisten hätten sie exekutiert. Wie nah solche Vermutungen der Realität kommen oder wie fern sie ihr sind, und an wessen Händen tatsächlich Anna Maes Blut klebt, konnte jedoch bislang nicht geklärt werden: Der oder die Mörder von Anna Mae Aquash wurden nie ermittelt. Der Fall Aquash ist damit einer der vielen ungeklärten Todesfälle auf der Reservation – wenn auch einer, der mit besonders vielen Fragezeichen versehen ist.

# 2. Die Gerichtsverhandlungen

## Ausgangslage

Als sich im Juni 1976 Dino Butler und Bob Robideau gemeinsam in einem Gerichtsverfahren der Anklage des gemeinschaftlichen Doppelmordes an den FBI-Agenten Coler und Williams stellen mußten, befand sich Peltier noch in einem kanadischen Gefängnis. Seine Auslieferung an die USA sollte bald darauf erfolgen. Jimmy Eagle, der vierte, dem der Doppelmord zur Last gelegt wurde, wartete in einem Gefängnis in Süd-Dakota auf seine Verhandlung.

Gegen Butler, Robideau und Peltier lagen schwerwiegende Indizien vor. Alle drei waren gefaßt worden, als sie sich schwerbewaffnet auf der Flucht befanden. Und bei jedem der drei wurde eine der vom Tatort verschwundenen Waffen gefunden: Bob Robideau hatte das Gewehr von Jack Coler bei sich, Dino Butler den Revolver von Ronald Williams und Peltier den Revolver von Jack Coler. Das waren schon recht schwerwiegende Verdachtsmomente. Hinzu kam, daß alle drei ein halbautomatisches AR-15-Gewehr bei sich trugen – mit solch einer Waffe sind die beiden FBI-Agenten erschossen worden. Nach Angaben des FBI handelte es sich bei der AR-15, die im ausgebrannten Wagen von Bob Robideau gefunden wurde, um die Tatwaffe, die nach Aussage verschiedener Zeugen die Waffe von Leonard Peltier war. Wie sich erst später herausstellen sollte, war die Behauptung des FBI, diese AR-15 sei die Tatwaffe, eine Fehlinformation. Einige Mitglieder des Deutschen Bundestags, unter ihnen der Grünen-Politiker Ludger Vollmer und die FDP-Politikerin Irmgard Schwaetzer, verwiesen 1995 in einem Brief an US-Präsident Bill Clinton darauf, daß bereits am 31. Oktober 1975 Ballistikexperten des FBI in einer internen Untersuchung zu dem eindeutigen Ergebnis gekommen waren, daß keine der am Tatort gefundenen Kugeln aus Peltiers AR-15 stammte.[73] Die Quellen der Bundestagsabgeordneten waren interne FBI-Akten, die 1981 mit dem *Freedom of Information Act* offengelegt werden mußten. Das Ergebnis der besagten ballistischen Untersuchung wurde allem Anschein nach während des Prozesses gegen Butler und Robideau und während der Gerichtsverhandlung gegen Peltier zurückgehalten. Noch kurz vor der Verurteilung Peltiers wurde argumentiert, daß sein AR-15-Gewehr die Tatwaffe sei – das FBI hätte diese Behauptung entkräften müssen, wußte es doch seit dem 31. Oktober 1975, daß die Kugeln am Tatort nicht aus dieser Waffe stammten.

## Der Prozeß gegen Robideau und Butler

Vor Beginn der Verhandlung hatten die Rechtsanwälte des *Wounded Knee Legal Defense/Offense Committee* beantragt, daß der Prozeß gegen Robideau und Butler außerhalb von Süd-Dakota stattfinden solle, damit ein fairer Verhandlungsverlauf gewährleistet werden könne. Dem Antrag wurde stattgegeben. Im Juni und Juli 1976 fand daraufhin in Cedar Rapids (Iowa) die Gerichtsverhandlung unter Vorsitz des Richters Edward McManus statt.

Butler und Robideau gaben zu, in das Feuergefecht bei Oglala verwickelt gewesen zu sein und auf die FBI-Agenten geschossen zu haben – allerdings aus der Entfernung und um sich selbst zu verteidigen. Die wehrlosen Agenten aus nächster Nähe ermordet zu haben, bestritten sie vehement.

Im Verlauf des Prozesses wurde immer wieder die Frage aufgeworfen, weshalb die beiden FBI-Agenten überhaupt auf das Jumping-Bull-Gelände gekommen waren. Die Begründung, es ginge um die Strafverfolgung eines 19jährigen Jugendlichen, der ein Paar Cowboy-Stiefel gestohlen haben soll, genügte den Geschworenen offenkundig nicht. Denn am Ende der Verhandlung wurden Butler und Robideau freigesprochen. »Geschworene und Gericht fanden die Beweislage nicht hinreichend und erkannten außerdem auf Selbstverteidigung.«[74] Es hätte nicht eindeutig geklärt werden können, wer das Feuer letztendlich eröffnet hatte. Angesichts der gewaltbereiten Atmosphäre auf Pine Ridge müsse eine subjektive Stimmung permanenter Angst und Nervosität berücksichtigt werden – und in Anbetracht der nicht eindeutigen Beweislage müsse im Zweifel für die Angeklagten entschieden werden. Damit waren Butler und Robideau frei.

Wahrscheinlich war es diese für das FBI wohl bittere Enttäuschung des Freispruchs von Cedar Rapids, die den Staatsanwalt und die Bundespolizisten dazu bewog, wenige Wochen nach der Urteilsverkündung die Anklage gegen Jimmy Eagle fallenzulassen. Damit war auch der dritte Hauptverdächtige wieder auf freiem Fuß, und es gab nur noch eine Person, die man für den Tod der beiden FBI-Beamten zur Verantwortung ziehen konnte: Leonard Peltier.

## Die Gerichtsverhandlung gegen Peltier

Die Beweislage gegen Peltier unterschied sich eigentlich nicht von der, die gegen Butler und Robideau vorgebracht worden war. Und doch sollte sich der Prozeß, der im März und April

1977 in Fargo (Nord-Dakota) stattfand, grundsätzlich von der Gerichtsverhandlung in Cedar Rapids unterscheiden. Im Gerichtssaal herrschte Hochspannung – Verteidiger und Staatsanwalt lieferten sich immer wieder aggressive Rededuelle. Die Staatsanwaltschaft präsentierte plötzlich Augenzeugen, die Peltier schwer belasteten. Der junge Lakota-Indianer Mike Anderson sagte aus, daß er Peltier, Butler und Robideau bei den Autos der beiden FBI-Agenten gesehen hätte. Alle drei sollen bewaffnet gewesen sein, Peltier mit einem AR-15-Gewehr. Im Kreuzverhör des Verteidigers gab Anderson jedoch kurz darauf an, daß er vom FBI zu dieser Aussage gezwungen worden sei. Im Gerichtsprotokoll ist folgendes Zitat von Anderson niedergelegt: »Ich weigerte mich zu sprechen, bis Gary Adams [ein FBI-Agent] sagte: Wenn du nicht redest, schlage ich dich in der Zelle zusammen.«[75]

Besondere Beachtung im Prozeß gegen Peltier verdient Myrtle Poor Bear, eine junge Lakota-Indianerin. Aufgrund ihrer eidesstattlichen Aussage, sie habe mit eigenen Augen gesehen, wie Peltier die beiden wehrlosen FBI-Agenten erschossen habe, war Peltier von Kanada an die USA ausgeliefert worden. Mit dieser Aussage wäre sie die einzige Augenzeugin des Doppelmords. Doch diese Aussage hatte seltsame Wandlungen erfahren.

Am 19. Februar 1976 hatte Poor Bear in Anwesenheit zweier FBI-Agenten zu Protokoll gegeben: »Irgendwann in der letzten Woche des Mai 1975 gingen Leonard Peltier und ich zum Jumping-Bull-Gelände in der Nähe von Oglala, Süd-Dakota, USA. Dort befanden sich mehrere Häuser und etwa fünf Zelte. Nachdem Leonard angekommen war, sagte er, was zu tun war. Ich war in dieser Zeit seine Lebensgefährtin. Ungefähr eine Woche nachdem wir angekommen waren, also etwa in der zweiten Woche des Juni 1975, machten Leonard Peltier und einige andere Leute Pläne, wie sie BIA-Polizisten, US-Polizisten oder FBI-Agenten umbringen könnten, wenn diese versuchten, das Land zu betreten. Leonard Peltier hatte die hauptsächliche Verantwortung für diese Pläne. (...) Leonard Peltier hatte immer ein Gewehr und meistens auch eine Pistole bei sich. (...) Ungefähr einen Tag, bevor die *Special Agents* des *Federal Bureau of Investigations* (FBI) umgebracht wurden, sagte Leonard Peltier, er wisse, daß das FBI oder das BIA kommen würde, um Jimmy Eagle zu verhaften. Leonard Peltier sagte den Leuten, sie sollten sich bereit machen, diese Polizisten zu töten, und er sagte mir, ich solle mein Auto volltanken, um für eine Flucht vorbereitet zu sein. An diesem Punkt habe ich das Jumping-Bull-Gelände verlassen und bin nicht wieder zurückgekehrt. Im August 1975 habe ich Leonard Peltier wieder getroffen. (...) Wir sprachen über die Ermordung der beiden FBI-Agenten auf dem Jumping-Bull-Gelände. Leonard sagte, es mache ihn krank, wenn er darüber nachdenke. Er sagte, daß einer der Agenten aufgegeben hatte, aber er hätte einfach weitergeschossen. Er sagte, es wäre wie in einem Film gewesen, er hätte alles gesehen, aber es wäre nicht real gewesen. Er hat einfach weitergemacht. Er sagte, er hätte seinen Verstand verloren und einfach angefangen zu schießen. Er sagte, er hätte sie erschossen und einfach immer wieder den Abzug gedrückt. Er konnte nicht aufhören.«[76]

Wenn man diese Aussage zum ersten Mal liest, ist man schokkiert. In schonungsloser Brutalität wurden hier allem Anschein nach die Ereignisse des 26. Juni 1975 in Worte gefaßt. Deutlicher kann man Leonard Peltiers Schuld wohl nicht ausdrücken. Oder vielleicht doch? Ein entscheidender Aspekt bleibt hier unberücksichtigt. Myrtle Poor Bear ist mit dieser

Aussage noch keine Augenzeugin, sie gibt lediglich an, daß Peltier sich selbst nach der Tat belastet habe. Wahrscheinlich aus diesem Grund wurde vier Tage nach der ersten Erklärung, also am 23. Februar 1976, eine zweite eidesstattliche Aussage protokolliert. Sie ist nahezu identisch mit der ersten, lediglich ein Aspekt wurde modifiziert. Jetzt ist zu lesen: »Ich war an dem Tag, an dem die *Special Agents* des FBI ermordet wurden, vor Ort. Ich sah, wie Leonard Peltier die FBI-Agenten erschossen hat.« Damit war Poor Bear nun tatsächlich »Augenzeugin« der Ermordung. Da aber die Formulierung, »Ich sah, wie Leonard Peltier die FBI-Agenten erschossen hat«, recht allgemein gehalten ist, wurde am 31. März 1976 noch eine dritte eidesstattliche Erklärung protokolliert, sozusagen als Ergänzung. Laut Peter Matthiessen hat sich Myrtle Poor Bear an den beiden Tagen vor diesem Protokoll rund um die Uhr mit zwei FBI-Agenten in einem Motel in Sturgis (Süd-Dakota) aufgehalten.[77] Die dritte Erklärung ist eine recht genaue Beschreibung des vermeintlichen Tathergangs:

»Irgendwann in der ersten Hälfte des Tages, ungefähr um 12:00 Uhr mittags, kam Leonard Peltier in das Haus von Harry Jumping Bull (...) und sagte: ‚Sie kommen.' (...) Ich sah zwei Autos, die ich aufgrund der langen Funk-Antennen für Autos von Regierungsbeamten hielt. (...) Der Mann [einer der FBI-Agenten] warf seine Pistole zur Seite und sagte irgend etwas, das bedeutete, er würde aufgeben. Leonard Peltier zielte mit seinem Gewehr in die Richtung des Mannes. Der Mann hielt seinen Arm so, als wäre er verwundet und lehnte sich an das oben erwähnte Auto. Ein anderer Mann, von dem ich auch glaubte, er sei ein *Special Agent* des FBI, lag mit dem Gesicht nach unten auf dem Boden, und Blut war unter ihm zu sehen. Ich wollte abhauen, wurde aber von einer anderen Person an den Haaren gepackt und konnte nicht weggehen. Ich drehte mich um und sah, wie Leonard Peltier den Mann, der an das Auto gelehnt dastand, erschossen hat. Ich hörte einen Schuß aus dem Gewehr kommen, das Leonard Peltier in seinen Händen hielt.«[78]

Eine solche Zeugin ist ein Glücksfall für jeden Staatsanwalt. Präzise stellt sie den Tathergang dar und benennt eindeutig den Täter. Solch eine Zeugin ist in der Tat ein Trumpf in der Hand der Anklage. Um so erstaunlicher ist, daß die Staatsanwaltschaft diese Zeugin vor Gericht nicht in den Zeugenstand laden wollte. Immerhin hatte sie eidesstattliche Aussagen protokollieren lassen – eidesstattliche Aussagen, aufgrund derer Peltier überhaupt nur in die USA überstellt worden war. Und fast so, als ob die Rollen vertauscht worden wären, verlangten nun Peltiers Verteidiger, daß diese Zeugin vor Gericht zu erscheinen habe. Aus kaum nachvollziehbaren Gründen wurde daraufhin entschieden, daß Myrtle Poor Bear zwar vor Gericht aussagen müsse, allerdings in Abwesenheit der Geschworenen, die am Ende das Urteil über Peltier zu fällen hatten. Es ist schon seltsam, daß die Geschworenen die einzige »Augenzeugin« nicht persönlich hören und sehen sollten. Einen akzeptablen Grund für diese Entscheidung zu benennen, dürfte schwer fallen.

Wenn man das Gerichtsprotokoll der Kreuzverhöre mit Myrtle Poor Bear liest, versteht man zumindest, warum die Staatsanwaltschaft sie nicht als Zeugin der Anklage vorladen wollte. Vor Gericht erschien eine verängstigte und verwirrt erscheinende junge Frau, die sich an nichts erinnern konnte oder wollte. Sie gab an, daß sie niemals auf dem Jumping-Bull-Gelände gewesen sei, und Leonard Peltier wollte sie nicht kennen. Statt dessen gab sie zu Protokoll, daß sie Angst habe.

Auf die Frage, was ihr denn Angst mache, antwortete sie: »Ich weiß nicht. Ich fürchte mich vor der Regierung.« Der Verteidiger hakte nach und fragte: »Hat irgend jemand von der Regierung etwas zu ihnen gesagt, das ihnen angst macht?« Darauf antwortete Poor Bear zögerlich: »Die Agenten sprechen immer über Anna Mae [Aquash].«[79] Als der Staatsanwalt Myrtle Poor Bear ins Kreuzverhör nahm, wurde sie noch deutlicher und sagte: »Ich wurde gezwungen, diese beiden Papiere zu unterzeichnen.«[80] Auf die Frage, von wem sie denn gezwungen worden wäre, nannte sie die Namen zweier FBI-Agenten und fügte hinzu: »Sie sagten, einem meiner Familienangehörigen würde etwas zustoßen, wenn ich es nicht tue.«[81]

Nun, das ist wahrlich keine Zeugin der Anklage – im Gegenteil. Es handelte sich um schwere Vorwürfe, die hier gegen das FBI erhoben wurden. Sollten Myrtle Poor Bears Aussagen der Wahrheit entsprechen, dann hat das FBI unter Androhung von Gewalt falsche Zeugenaussagen erpreßt. Myrtle Poor Bears Auftritt hätte einen Skandal nach sich ziehen müssen, doch seltsamerweise ging das Gerichtsgeschehen recht unberührt davon weiter.

Da die wichtige Zeugenaussage der einzigen angeblichen »Augenzeugin« sich für die Anklage als nicht sehr hilfreich erwiesen hatte, legte die Staatsanwaltschaft den Schwerpunkt ihrer Argumentation auf ein anderes zentrales Indiz: die Tatwaffe. Noch im Schlußplädoyer sprach der Staatsanwalt von dem »vielleicht wichtigsten Beweismaterial in diesem Fall«,[82] einer Patronenhülse, die im Wagen von Coler gefunden worden war. Diese Patronenhülse würde zu einer AR-15 passen – der AR-15, die im ausgebrannten Auto von Bob Robideau gefunden worden war und die eindeutig als die Waffe von Leonard Peltier identifiziert worden sei. Diese AR-15 sei die Tatwaffe. Wie gesagt, haben 1995 mehrere deutsche Bundestagsabgeordnete darauf hingewiesen, daß bereits am 31. Oktober 1975 Ballistikexperten des FBI in einer internen Untersuchung zu dem eindeutigen Ergebnis gekommen waren, daß keine der am Tatort gefundenen Kugeln aus Peltiers AR-15 stammte, auch nicht die besagte Patronenhülse.[83] Das bedeutet, daß das FBI zum Zeitpunkt der Verhandlung wußte, daß Peltiers Waffe nicht die Tatwaffe war – das FBI wußte das und unternahm offenkundig nichts, um dies dem Gericht mitzuteilen. Auch dann nicht, als diese Behauptung zum »wichtigsten Beweismaterial« der Argumentation seitens der Anklage wurde.

Das letzte zentrale Argument der Anklage, die einzigen Personen, die bei den Autos der toten Agenten waren, seien Peltier, Butler und Robideau gewesen, wurde von Peltiers Anwalt in dessen Schlußpädoyer entkräftet: »Ich gebe zu bedenken, daß Joe Stuntz [der bei dem Feuergefecht erschossene indianische Aktivist] eine FBI-Jacke trug, als er gefunden wurde. Eine FBI-Jacke, die aus dem Auto der beiden Agenten stammte. (...) Wann hat er diese Jacke angezogen?«[84]

Trotz der massiven Zweifel an seiner Schuld, die angesichts dieser fragwürdigen Indizien angebracht sind, wurde Leonard Peltier am 18. April 1977 des zweifachen Mordes für schuldig befunden. Die *Süddeutsche Zeitung* schreibt 1995 vorsichtig zu diesem Urteil: »Wenn man die vielen Dokumente gesichtet hat, wenn man zahlreiche Artikel gelesen hat, die seit zwanzig Jahren über den Fall Peltier geschrieben worden sind, bleibt Unbehagen zurück. Die wichtigsten Zeugen haben ihre Aussagen widerrufen. Sie seien damals unter zum Teil körperlichem Zwang der Vernehmer gestanden.«[85] Trotz dieser Bedenken, die nach der Gerichtsverhandlung immer wieder geäußert wurden, unter anderem von der *International Commission of Jurists*, von *Amnesty International*, von der

*Gesellschaft für bedrohte Völker*, vom Europäischen Parlament und von Politikern aus den unterschiedlichsten Ländern dieser Erde – trotz dieser Bedenken war Peltier zu einer zweifachen lebenslänglichen Haftstrafe verurteilt worden. Der Antrag auf eine Berufungsverhandlung wurde im Jahr darauf abgelehnt. Leonard Peltier verschwand hinter den Mauern des Hochsicherheitsgefängnisses von Marion (Illinois).

# 3. Die Rolle des FBI

## Offene Fragen

Betrachtet man die Dokumente zum Fall Leonard Peltier, dann fällt in der Reihe der ungeklärten Fragen eine immer wieder besonders auf. Und zwar die, weshalb die beiden FBI-Agenten Jack Coler und Ronald Williams überhaupt zum Jumping-Bull-Gelände gefahren waren. Die offizielle Antwort, daß ein kleiner Dieb gesucht wurde, ist – gelinde gesagt – unbefriedigend. Das Aufgabengebiet des FBI betrifft Problemkomplexe, die mit der nationalen Sicherheit der USA in Zusammenhang stehen. Der Diebstahl von Gegenständen geringen Wertes gehört in der Regel nicht dazu. Solche Delikte fallen in den Kompetenzbereich der Polizeibehörden in den einzelnen Bundesstaaten und Regionen. Im Fall des Reservationsindianers Jimmy Eagle wäre es Aufgabe der Stammespolizei gewesen, den Dieb dingfest zu machen. Weshalb also machten sich hochbezahlte FBI-Agenten auf die Suche nach einem kleinen Dieb?

## Das Counter-Intelligence-Program

Die indianischen Aktivisten und Aktivistinnen des *American Indian Movement* und des *Leonard Peltier Defense Committee* glauben, eine Erklärung für das Auftauchen der FBI-Agenten auf dem Jumping-Bull-Gelände gefunden zu haben. Sie besteht aus einem kryptisch klingenden Kunstwort: COINTELPRO. Diese Buchstabenreihe ist die Kurzform des Begriffs *Counter-Intelligence-Program*, eine ursprünglich als Spionageabwehr konzipierte Kampagne zur Zerschlagung subversiver Organisationen in den USA.

Das COINTELPRO war 1956 von J. Edgar Hoover, dem legendären Gründer des FBI, initiiert worden, um gegen »kommunistische Umtriebe« in den USA vorzugehen. Der New Yorker Geschichtsprofessor Richard Gid Powers sagt über dieses Programm: »Hoovers geheimes COINTELPRO stellt einen bedenklichen Angriff auf die Rechte amerikanischer Bürger dar. Wäre Hoovers Programm zum Vorbild einer koordinierten Offensive sämtlicher Behörden für innere Sicherheit des Bundes und der Region geworden, so hätte das katastrophale Folgen für die politische Freiheit gehabt.«[86] Was also hat es mit dem COINTELPRO auf sich, wenn es von einem renommierten Hochschullehrer als »bedenklicher Angriff auf die Rechte amerikanischer Bürger« bezeichnet wird? Für welche Praktiken steht der Begriff COINTELPRO? Professor Powers nennt das Einschleusen von Informanten in verdächtige Gruppierungen, das Streuen von Fehlinformationen und die Verleumdung von loyalen Aktivisten als FBI-Informanten, was zu Entzweiung und Mißtrauen innerhalb der verdächtigen Gruppierung führt.[87] Der Journalist und Pulitzer-Preisträger Ross Gelbspann gibt darüber hinaus an, daß das FBI im Rahmen seiner COINTELPRO-Aktivitäten mehrere hunderttausend Briefe heimlich geöffnet, Tausende von Telefongesprächen abgehört und Hunderte von Einbrüchen in Wohnungen und Büros geleitet habe.[88] Ward Churchill und Jim Vander Wall, beide aktive Mitglieder der indianischen Bürgerrechtsbewegung, gehen mit ihren Vorwürfen gegen das FBI noch weiter. Nach ihren Angaben umfaßte COINTELPRO »alle Arten der offiziellen Falschaussage und Fehlinformation der Medien, das systematische Erheben falscher Anklagen gegen die Zielobjekte, das Herstellen von Beweismaterial, um die Verurteilung herbeizuführen, und das Zurückhalten von Beweismaterial, das die Zielpersonen entlasten könnte«.[89]

Das FBI selbst leugnet nicht, daß es COINTELPRO-Aktivitäten betrieben hat. Der ehemals hohe FBI-Beamte William C. Sullivan sagte vor einem Untersuchungsausschuß des US-Senats aus: »Wir waren in COINTELPRO-Taktiken engagiert, um eine Organisation auf verschiedene Arten zu entzweien, zu überwältigen, zu schwächen.«[90] Allerdings soll das *Counter-Intelligence-Program* 1971 beendet worden sein. Die Bedenken und Kritik der amerikanischen Bevölkerung seien zu groß geworden, nachdem erste Informationen über COINTELPRO-Aktivitäten bekannt geworden waren.

Die ersten Indizien für die tatsächliche Existenz solcher streng geheimer Aktionen gegen »subversive Organisationen« gelangten auf spektakuläre Weise an die Öffentlichkeit. In der Nacht vom 8. auf den 9. März 1971 brach eine Gruppe, die sich »Ermittlungsausschuß der Bürger gegen das FBI« nannte, in ein FBI-Büro in Pennsylvania ein. Bei diesem Einbruch wurden mehrere streng vertrauliche Dokumente des Arbeitsbereichs »Innere Sicherheit« gestohlen. Dokumente, in denen offen von COINTELPRO-Operationen gesprochen wurde. Ende März 1971 erschien ein über 80 Seiten langer Auszug dieser Dokumente in den Medien. Die Öffentlichkeit war empört als sie von den geheimen Aktionen des FBI erfuhr – man empfand diese Aktionen wohl zu Recht als einen Anschlag auf die Freiheitsrechte der US-Bürger. Stimmen wurden laut, die eine unabhängige Untersuchung der Tätigkeiten des FBI forderten. Der Gründer und jahrzehntelange Direktor des FBI, J. Edgar Hoover, geriet unter Zugzwang. Am 28. April 1971 verkündete er deshalb die offizielle

Beendigung aller COINTELPRO-Operationen des FBI. Journalisten, Wissenschaftler und Bürgerrechtler äußerten in der Folgezeit allerdings immer wieder Zweifel an dieser offiziellen Aussage. Und nach Angaben von Professor Powers ergaben spätere Ermittlungen tatsächlich, daß einzelne Operationen eindeutig noch nach April 1971 durchgeführt wurden.[91]

Ursprünglich richtete sich das *Counter-Intelligence-Program* ausschließlich gegen die Kommunistische Partei der USA. Und nur in diesem Einsatzbereich hatte das Programm eine rechtliche Grundlage. Der *Communist Control Act* aus dem Jahr 1954 besagte, daß »die Kommunistische Partei keinen Anspruch auf die Rechte, Sonderrechte und Begünstigungen der legalen Körperschaften hat, die unter der Jurisdiktion der Gesetze der Vereinigten Staaten ausgeformt wurden«.[92] Aufgrund dieser rechtlichen Sonderstellung der Kommunistischen Partei waren COINTELPRO-Aktionen gegen sie legal. Als das COINTELPRO auch auf andere »subversive Gruppierungen« ausgeweitet wurde, verließ das FBI jedoch diese rechtliche Grundlage. Professor Powers bezeichnet die in den sechziger Jahren betriebene Ausweitung des Programms als »drastische Einmischung einer Polizeibehörde in den politischen Prozeß Amerikas«. Zunächst waren es die schwarzen Bürgerrechtler um Martin Luther King, dann die militanten *Black Panthers*, dann linke und pazifistische Studentengruppen der Anti-Vietnam-Bewegung, die ins Fadenkreuz der COINTELPRO-Aktionen gerieten. 2370 solcher Aktionen, die zwischen den Jahren 1956 und 1971 durchgeführt worden waren, wurden inzwischen offengelegt.

Das *Leonard Peltier Defense Committee* geht davon aus, daß – »nachdem die *Black Panther Party* nahezu vollständig zerstört war« – das FBI die COINTELPRO-Aktivitäten »in erster Linie auf das *American Indian Movement* ausgerichtet« hat.[93] Auch Ross Gelbspann schreibt, daß das *American Indian Movement* Ziel von COINTELPRO-Aktionen war.[94] Als gesichert gilt zumindest, daß das AIM spätestens nach der Wounded-Knee-Besetzung im Jahr 1973 vom FBI als »subversive Organisation« klassifiziert worden war.

Für viele Indianer, nicht nur für die Aktivisten der Bürgerrechtsbewegung, besteht zwischen dem Auftauchen der beiden FBI-Agenten auf dem Jumping-Bull-Gelände und diesen Operationen ein Zusammenhang. In zahlreichen Gesprächen, die ich mit Bewohnern der Pine-Ridge-Reservation führen konnte, wurde behauptet, die FBI-Agenten seien zum AIM-Camp gefahren, um die indianischen Aktivisten zu Gewalttaten zu provozieren. Diese Gewalt hätte dann als Rechtfertigung für die Zerschlagung des Camps und für die Verhaftung der »Rädelsführer« dienen sollen. Diese *Provoke-and-destroy*-These konnte bislang allerdings nicht durch stichhaltige Beweise belegt werden. Als Indizien wurden zumeist die fragwürdige offizielle Begründung für das Auftauchen der FBI-Agenten und der im ersten Teil dieses Buches beschriebene illegale Verkauf von Reservationsland angeführt, der am Tag vor dem Feuergefecht ohne Wissen der Reservationsbewohner vonstatten gegangen war. Wegen des Uranvorkommens unter der Pine-Ridge-Reservation hatte die US-Regierung Interesse an dem Land, und der Stammesratsvorsitzende von Pine Ridge, Richard Wilson, hatte am 25. Juni 1975 einen Vertrag mit der US-Regierung unterzeichnet. Er hatte allerdings nicht die notwendige Zustimmung von 75 Prozent aller männlichen Reservationsbewohner eingeholt. Höchtswahrscheinlich hätten auch niemals drei Viertel der männlichen Lakota dieser Abtretung von Stammesland zugestimmt. Widerstand wäre vor allem von seiten der AIM-Aktivisten und Lakota-Traditionalisten geleistet worden.

Dem sollte vermutlich entgegengewirkt werden. Immer wieder erläuterten mir Bewohner von Pine Ridge, daß das Auftauchen der FBI-Agenten auf dem Jumping-Bull-Gelände Teil eines taktischen Manövers gewesen sei, mit dem von dieser illegalen Landabtretung abgelenkt werden sollte. Auf der Basis des Wissens, daß das FBI in früherer Zeit COINTELPRO-Aktionen gegen »subversive Organisationen« mit dem Ziel der Zerschlagung dieser Gruppierungen durchgeführt hatte, entstanden bald Verschwörungstheorien.

## Unbehagen

Betrachtet man den Fall Peltier und die Umstände, die zu seiner Verurteilung geführt haben, »bleibt Unbehagen zurück«, schreibt die *Süddeutsche Zeitung*.[95] Dabei ist es vor allem das Verhalten des FBI, das manches Fragezeichen hinterläßt.

Weshalb sind die beiden Agenten zum Camp des *American Indian Movement* gefahren? Wie hat die Schießerei begonnen? Weshalb wurde das Ergebnis einer FBI-internen ballistischen Untersuchung, die Peltier vor Gericht entlastet hätte, zurückgehalten? Unter welchen Umständen kamen die eidesstattlichen Erklärungen der angeblichen »Augenzeugin« Myrtle Poor Bear zustande? Weshalb durfte Myrtle Poor Bear vor den Geschworenen nicht in den Zeugenstand geladen werden?

Die offizielle Behauptung, Coler und Williams seien im Rahmen einer Routineuntersuchung eines Diebstahls zum Jumping-Bull-Gelände gekommen, wurde im Jahr 1995 durch neue Erkenntnisse noch stärkeren Zweifeln ausgesetzt. Am 26. Juni 1975 sollen sich bereits vor der Ankunft der beiden *Special Agents* Coler und Williams Einsatzkräfte des FBI in der Nähe des AIM-Camps befunden haben. Der ehemalige

US-Justizminister Ramsey Clark sagt: »Seit Dezember 1995 wissen wir durch veröffentlichte Dokumente, daß FBI-Leute vor Ort gewesen waren, und zwar mindestens 20 Minuten bevor die beiden Wagen auf dem Jumping-Bull-Gelände angekommen sind.«[96] Wenn diese Behauptung stimmt, wenn tatsächlich bereits vor dem Feuergefecht zusätzliche FBI-Einsatzkräfte vor Ort waren, dann ist die offizielle Erklärung, Coler und Williams wären auf der Suche nach einem kleinen Dieb gewesen, kaum mehr zu halten. Weshalb also kam das FBI mit mehreren Einsatzkräften am 26. Juni 1975 zum AIM-Camp?

Aufgrund dieser vielen Ungereimtheiten versucht der US-Senator Daniel Inouye bereits seit Jahren, eine Kongreßanhörung in die Wege zu leiten, »um die Umstände aufzuklären, die dazu geführt haben, daß Leonard Peltier des Mordes beschuldigt wurde«[97] – bislang ohne Erfolg. Es müssen einflußreiche Interessengruppen im Spiel sein, wenn über Jahre hinweg eine Anhörung im Kongreß der Vereinigten Staaten verhindert werden kann.

# 4. Im Gefängnis

## Gerüchte über ein Mordkomplott

Direkt nachdem Peltier im April 1977 zu einer zweifachen lebenslangen Haftstrafe verurteilt worden war, wurde er ins Hochsicherheitsgefängnis von Marion (Illinois) gebracht. Peltier war damals ein Mann in seinen besten Jahren und alles, was er vom Leben noch zu erwarten hatte, wenn keine Neuverhandlung durchgesetzt werden konnte, war ein Leben im Zellentrakt eines Hochsicherheitsgefängnisses.

Etwa ein Jahr nachdem Peltier in Marion eingeliefert worden war, soll ein Mordkomplott gegen ihn in die Wege geleitet worden sein. Das *Leonard Peltier Defense Committee*, das *American Indian Movement*, der Schriftsteller Peter Matthiessen sowie Ward Churchill und Jim Vander Wall sprechen übereinstimmend vom »Standing-Deer-Komplott«.[98]

Robert Hugh Wilson, der später den indianischen Namen *Standing Deer* angenommen hat, ein Mitgefangener von Peltier in Marion, soll eines Tages von »einem Mann im dunklen Anzug« im Gefängnis besucht worden sein. Bei diesem Besuch habe Robert Hugh Wilson den Auftrag erhalten, Peltier zu ermorden. Wilson soll zum Schein den Auftrag angenommen, sich später aber Peltier offenbart haben. Da die Ermordung Peltiers bei einem »Fluchtversuch« vonstatten gehen sollte, Marion aber als das sicherste Gefängnis der USA gilt, sollten Peltier und Wilson in ein anderes Gefängnis verlegt werden. Ob das »Standing-Deer-Komplott« wirklich stattgefunden hat oder ob es sich dabei um eine Erfindung handelt, um auf die schreckliche Situation Peltiers in einem der berüchtigsten Gefängnisse der USA hinzuweisen, konnte nicht geklärt werden. Fest steht zumindest, daß es keinerlei Beweise für ein solches Komplott gibt. Die Geschichte mit dem »Mann im dunklen Anzug«, der den Mordauftrag gegeben haben soll, hört sich zumindest abenteuerlich an. Andererseits wurde Peltier im Frühjahr 1979 tatsächlich in ein anderes Gefängnis verlegt, und zwar nach Lompoc in Kalifornien.

## Der Fluchtversuch

Nachdem im September 1978 der Antrag auf eine Berufungsverhandlung abgelehnt worden war, machte sich bei Peltier und seinen Unterstützern Hoffnungslosigkeit breit. Peltier auf juristischem Wege aus dem Gefängnis zu bringen, war zunächst gescheitert. Die Nerven lagen blank. Dann kamen noch die Gerüchte über das »Standing-Deer-Komplott« hinzu. Viele Unterstützer hatten tatsächlich Angst um Peltiers Leben.

Im Frühjahr 1979 wurde Peltier dann in das Gefängnis von Lompoc verlegt. Nach kurzer Zeit schloß er dort mit Bobby Garcia und Dallas Thundershield, zwei indianischen Mitgefangenen, Freundschaft. Peltier mußte seine Lage wohl als vollkommen aussichtslos empfunden haben, denn schon bald begann er, mit seinen beiden neuen Vertrauten einen Fluchtplan auszuhecken. Am Abend des 20. Juli 1979 versuchten die drei Gefangenen tatsächlich, diesen Fluchtplan in die Tat umzusetzen. Mit Schlüsselnachfertigungen, die sie heimlich während ihrer Arbeit hergestellt hatten, konnten sie die meisten Türen aufschließen und auf das Dach ihres Zellentraktes gelangen. Von dort aus versuchten sie zu fliehen. Für

Dallas Thundershield endete der Fluchtversuch tödlich. Er wurde von einem der Gefängniswärter erschossen. Bobby Garcia wurde gefaßt, noch bevor er das Gefängnisgelände verlassen konnte. Lediglich Peltier war die Flucht gelungen.

Die Nachricht dieses Gefängnisausbruchs ging wie ein Lauffeuer durch die Medien. Selbst in deutschen Zeitungen war davon zu lesen. Die *Frankfurter Rundschau* schrieb beispielsweise am 24. Juli 1979 unter der Überschrift *Indianerführer auf der Flucht. Organisation bittet ausländische Botschaften um Asyl*: »Die nordamerikanische Indianerbewegung (AIM) forderte am Sonntag die ausländischen Botschaften in den USA auf, dem aus dem Gefängnis geflohenen Indianerführer Leonard Peltier politisches Asyl anzubieten. Der 34jährige Peltier, der wegen der Ermordung zweier FBI-Beamter eine lebenslange Haftstrafe verbüßte, war am Freitagabend zusammen mit zwei Mitgefangenen aus dem Gefängnis von Lompoc (...) entflohen. Einer der Fliehenden starb unter den Schüssen der Wache, der andere wurde kurze Zeit später wieder gefaßt. Nur Peltier ist noch auf freiem Fuß. Das US-Bundeskriminalamt FBI erklärte, er sei möglicherweise bewaffnet und sehr gefährlich.«[99]

Fünf Tage nach dem Ausbruch wurde Peltier von einer Polizeieinheit gestellt und nach Lompoc zurückgebracht. Der kurze Traum von der Freiheit war zu Ende, der Versuch, in den Untergrund abzutauchen, gescheitert. Im Februar 1980 wurde Peltier wieder in das Hochsicherheitsgefängnis von Marion verlegt.

## Im Gefängnis von Leavenworth

Im Sommer 1985 wurde Peltier in das Hochsicherheitsgefängnis von Leavenworth (Kansas) gebracht, wo er bis zum heutigen Tag auf seine Freilassung wartet. Inzwischen ist

Peltier ein früh gealterter und schwerkranker Mann. Jahrzehnte hinter Gefängnismauern haben seine Gesundheit ruiniert. Vor allem leidet er an den Folgen einer Tetanusinfektion aus Kindheitstagen und an den Nachwirkungen eines falsch zusammengewachsenen Kieferbruchs. Das *Leonard Peltier Defense Committee* gibt an, daß Peltier wegen einer Kieferbehandlung 1996 in die Gefängnisklinik von Springfield verlegt worden sei, um dort einen chirurgischen Eingriff durchführen zu lassen. Eigentlich hatte Dr. Collins, einer der Gefängnisärzte von Leavenworth, beantragt, Peltier in die Mayo-Klinik zu verlegen, da Springfield nicht über die nötige Ausstattung für diese Operation verfüge. Diesen Antrag habe die Gefängnisleitung von Leavenworth jedoch ignoriert, so das *Leonard Peltier Defense Committee.* Die daraufhin in Springfield durchgeführte Operation hätte Peltier fast das Leben gekostet. Vierzehn Tage lang lag er nach dem chirurgischen Eingriff im Koma.[100]

Peltier konnte lange Zeit nicht mehr richtig beißen oder kauen und litt unter permanenten Kopf- und Kieferschmerzen. Seine Kieferknochen waren blockiert. Vier Jahre lang war vergeblich eine Behandlung in der Mayo-Klinik verlangt worden, doch die Gefängnisleitung behauptete lapidar, eine besondere Behandlung sei »nicht erforderlich«.[101] Am 20. März 2000 wurde Peltier plötzlich von Leavenworth in die Klinik verlegt. Weder Peltier noch seine Anwälte waren vorher über diesen Schritt informiert worden. Als seine Anwälte endlich seinen Aufenthaltsort in Erfahrung brachten, wurde ihnen aus Sicherheitsgründen kein Zugang zu ihm gewährt.

Inzwischen wurde bekannt, daß eine fünfstündige Operation durchgeführt wurde und die Gelenkversteifung des Unterkiefers erfolgreich beseitigt werden konnte. Laut Dr. Keller verlief die Operation komplikationslos und Peltier könne seinen Kiefer wieder normal bewegen.

# 5. Das juristische Tauziehen

## Erste Anträge auf eine Berufungsverhandlung

Sofort nach der Verurteilung Peltiers stellten seine Anwälte den Antrag auf eine Revisionsverhandlung. Zu viele Fragwürdigkeiten waren in der ersten Verhandlung ungeklärt geblieben, als daß das Urteil von Fargo das Schicksal Peltiers besiegeln könnte. Außerdem kommt hinzu, daß Butler und Robideau auf der Grundlage derselben Beweismittel – wenn man von den vor Gericht widerrufenen Aussagen vermeintlicher Belastungszeugen absieht – für unschuldig befunden worden waren. In der Urteilsverkündung des Prozesses von Cedar Rapids wurde den beiden Aktivisten zugestanden, daß ihr Handeln Notwehr gewesen sei. Wie kann es auf der Grundlage gleicher Beweismittel einmal zu einer Verurteilung wegen zweifachen Mordes und einmal zu einem Freispruch aufgrund aktiver Notwehr kommen? Es sind in der Tat zu viele Fragen, als daß das Urteil von Fargo im Fall Peltier das letzte Wort sein sollte.

Über den Revisionsantrag der Anwälte Peltiers hatte ein dreiköpfiges Richtergremium zu entscheiden. Einer der drei Richter war William Webster, der kurz nach der Übernahme des Falles, erfahren hatte, daß er als neuer Leiter des FBI vorgesehen ist. Das bedeutete natürlich einen schwerwiegenden Interessenkonflikt, da das FBI eine zentrale und bis heute nicht ganz geklärte Rolle im Fall Peltier spielt. Wie sehr dem FBI daran gelegen war, Peltier lebenslänglich hinter

Gittern zu sehen, kann man daran ermessen, wie intensiv das FBI noch Jahrzehnte nach der Verurteilung eine Begnadigung Peltiers zu verhindern versucht. In der bereits erwähnten Anzeige, die 1994 in mehreren amerikanischen Zeitungen veröffentlicht wurde, richtete sich die *Federal Bureau of Investigation Agents Association* direkt an die US-Regierung: »Sehr geehrter Herr Präsident: Leonard Peltier ermordete zwei FBI-Agenten. Er verdient keine Gnade.« In dieser Anzeige wird so getan, als gäbe es all die oben genannten Zweifel an der Rechtmäßigkeit der Verurteilung Peltiers nicht. Die nachgewiesenermaßen falsche Behauptung, Peltiers AR-15 sei die Tatwaffe, wird hier beispielsweise ganz selbstverständlich wiederholt. Das FBI macht keinen Hehl daraus: Es will Peltier hinter Gittern sehen und zwar bis an sein Lebensende.

Nachdem die Nominierung William Websters zum neuen FBI-Direktor bekannt geworden war, trat dieser von dem Berufungsausschuß zurück. Kurze Zeit später wurde ein neuer Ausschuß gebildet, der Ende 1978 eine Berufungsverhandlung ablehnte. Der Schock saß tief bei Leonard Peltier und seinen Unterstützern. Damit waren die juristischen Möglichkeiten, seinen Fall erneut zu verhandeln, zunächst ausgeschöpft. Hoffnungslosigkeit machte sich breit.

## Neue Erkenntnisse

Es dauerte mehr als zwei Jahre, bis wieder Bewegung in den Fall Peltier kam. 1981 wurde im Rahmen des *Freedom of Information Act* einem Antrag der Anwälte Peltiers stattgegeben, die FBI-Dokumente zum Fall Peltier offenzulegen. 12 000 Seiten interner FBI-Dokumente wurden den Anwälten ausgehändigt, weitere 6 000 Seiten blieben aus »Gründen der nationalen Sicherheit« unter Verschluß.[102] Damit waren den Anwälten neue Beweismittel an die Hand gegeben worden, die die Zweifel an der Rechtmäßigkeit der Verurteilung Peltiers bestärkten. Beispielsweise befand sich unter den freigegebenen Unterlagen ein internes FBI-Schreiben, in dem noch zehn Monate nach dem Feuergefecht auf dem Jumping-Bull-Gelände festgestellt wurde, daß »eine große Zahl« von Personen, die bis dahin teilweise nicht identifiziert waren, in die Ermordung der Agenten Williams und Coler verwickelt wären. Zwei Monate zuvor hatte die angebliche »Augenzeugin« Myrtle Poor Bear vor FBI-Agenten allerdings eidesstattliche Erklärungen abgegeben, in denen eindeutig Peltier als Mörder der beiden Agenten benannt worden war. Dieser Widerspruch – einerseits wird offiziell eine Augenzeugin der Ermordung präsentiert, andererseits geht man intern davon aus, daß eine große Zahl von Personen in die Ermordung verwickelt ist – legt den Schluß nahe, daß das FBI von der Richtigkeit der Aussagen Myrtle Poor Bears wohl selbst nicht überzeugt war.

Angesichts der neuen Beweislage stellten Peltiers Anwälte einen Antrag auf Neuverhandlung. Außerdem sollte Richter Paul Benson, der die erste Verhandlung in Fargo geleitet hatte, diesen Fall abgeben. Die neue Verhandlung sollte unter dem Vorsitz eines anderen Richters stattfinden. Nach rechtsstaatlichen Maßstäben ist es fragwürdig, daß ein Richter über seine eigene Voreingenommenheit befindet – tatsächlich aber hatte Benson über beide Anträge zu entscheiden. Zunächst lehnte er es ab, den Fall abzugeben. Zwei Jahre später, Ende 1984, nachdem mehrere Anhörungen stattgefunden hatten, lehnte Richter Benson auch eine neue Gerichtsverhandlung ab. Es wären keine schwerwiegenden neuen Erkenntnisse vorgebracht worden, so seine Begründung, weshalb von keiner grundsätzlich neuen Beweislage auszugehen sei. Die juristischen Bemühungen, Peltiers Fall erneut vor Gericht zu verhandeln, waren wieder gescheitert.

## Anhörungen und der Gang zum Obersten Gerichtshof

Die Jahre vergingen, und Peltier vegetierte in Hochsicherheitsgefängnissen vor sich hin. Das *Leonard Peltier Defense Committee* und seine Anwälte arbeiteten fieberhaft an neuen Möglichkeiten, den Fall noch einmal vor Gericht zu bringen. 1985 gelang es ihnen, Anhörungen vor dem 8. Bezirksgericht durchzusetzen, das befugt war, über eine Neuverhandlung zu entscheiden. Bei einer dieser mündlichen Anhörungen sagte Lynn Crooks, der Staatsanwalt, der 1977 im Prozeß gegen Peltier die Anklage vertreten hatte: »Wir wissen nicht, wer diese Agenten getötet hat.« Diesen Satz muß man sich in aller Ruhe vergegenwärtigen. Der Staatsanwalt, der acht Jahre zuvor versucht hatte, Peltiers Schuld nachzuweisen, gab nun öffentlich zu, daß man nicht wisse, wer die beiden Agenten ermordet hat. Es klingt unglaublich, aber der Staatsanwalt, der das Gericht und die Geschworenen von der Schuld des Angeklagten überzeugen konnte, gestand nun ein, daß er selbst von der Schuld des Angeklagten nicht oder nicht mehr überzeugt ist. Spätestens jetzt hätte wohl eine Neuverhandlung aufgenommen werden müssen.

Am 11. Oktober 1986 stellte das 8. Bezirksgericht fest, daß Richter Paul Benson im Zuge der Verhandlungsführung des Prozesses in Fargo Fehlleistungen vorzuwerfen seien. Überhaupt wurde bemängelt, daß Zeugenaussagen erzwungen, Beweise erfunden und Meineide geschworen worden seien. Nach Angaben des *Leonard Peltier Defense Committee* kritisierte das Bezirksgericht zudem das Verhalten der beteiligten Regierungsbehörden während der Untersuchung und der Gerichtsverhandlung im Fall von Leonard Peltier.

Trotz dieser Feststellungen wurde die Eröffnung eines neuen Gerichtsverfahrens abgelehnt. Gerald Heaney, der verantwortliche Richter, sprach später von der schwierigsten Entscheidung, die er in seiner richterlichen Laufbahn zu treffen hatte. Als Hauptgrund für die Ablehnung nannte er eine nachgewiesenermaßen falsche Zeugenaussage, die einer von Peltiers Anwälten bei den Anhörungen präsentiert hatte. Nach Angaben des *Leonard Peltier Defense Committee* handelte es sich dabei um ein »Versehen« des Anwalts William Kunstler. Außerdem sei die Aussage noch während der Anhörungen widerrufen worden. Schließlich hatte Kunstler sein Mandat niedergelegt.[103] Doch die Entscheidung des Bezirksgerichts stand fest: Keine neue Verhandlung des Falls Peltier.

Wieder einmal, inzwischen im neunten Jahr nach der Verurteilung angelangt, waren Peltiers Anwälte mit dem Versuch gescheitert, den Fall ein zweites Mal vor Gericht verhandeln zu lassen. Die Zweifel an der Rechtmäßigkeit der Verurteilung waren so deutlich zutage getreten, und dennoch gelang es den Anwälten nicht, bei den verantwortlichen Richtern Gehör zu finden.

Jetzt blieb den Anwälten nur noch ein einziger juristischer Weg offen: die Anrufung des *Supreme Court*, des Obersten Gerichtshofs der Vereinigten Staaten. Alle verbliebene Hoffnung richtete sich nun auf eine Verhandlung vor dem höchsten Gericht der USA. Dort sollten endlich die hinreichend bekannten Argumente vorgetragen werden. Doch wieder einmal wurden die Hoffnungen nicht erfüllt. Am 5. Oktober 1987 lehnte der *Supreme Court* eine Verhandlung des Falles Peltier ohne Begründung ab. Damit waren alle rechtlichen Mittel ausgeschöpft. Juristisch gab es nun keine Möglichkeit mehr, den Fall vor einem Gericht erneut verhandeln zu lassen. Zehn Jahre nach der Verurteilung stand nun fest, daß es zu keiner gerichtlichen Neuauflage der Verhandlung kommen würde. Jahre voller Arbeit und eine Unsumme von Geld - Spenden, die die jahrelange Arbeit der Anwälte und des *Leonard Peltier Defense Committee* überhaupt erst möglich gemacht hatten -, all das schien umsonst gewesen zu sein. Peltier saß noch immer in einer Zelle des Hochsicherheitsgefängnisses von Leavenworth.

## Ein Gnadenakt des Präsidenten

Nachdem in allen Instanzen des amerikanischen Rechtssystems eine Neuverhandlung abgelehnt worden war, versuchte das *Leonard Peltier Defense Committee* auf dem Weg einer nachträglichen Anfechtung der Auslieferung Peltiers aus Kanada doch noch eine Freilassung zu erwirken, zumal die US-Regierung im Juni 1989 offiziell zugab, daß die Dokumente, die zur Auslieferung Peltiers aus Kanada geführt hatten, nicht rechtmäßig erstellt worden waren. Bei diesen Dokumenten handelt es sich um die eidesstattlichen Aussagen von Myrtle Poor Bear. Die Anfechtung der Auslieferung wurde 1992 als Appell im kanadischen Parlament eingereicht und von 60 Parlamentsabgeordneten getragen. Eine juristisch bindende Entscheidung über diese Anfechtung wurde bislang nicht gefällt. Und die Wahrscheinlichkeit, daß auf diesem Wege eine Freilassung Peltiers zu erreichen ist, ist eher als gering einzuschätzen.

Am 18. April 1991 schrieb Richter Gerald Heaney, der noch 1986 eine Berufungsverhandlung für Peltier abgelehnt hatte, einen Brief an den Präsidenten der USA. In diesem Brief bat er um eine Herabsetzung von Peltiers Strafmaß, die aufgrund der inzwischen bekannten offenkundigen Fehler, die in diesem Fall begangen worden waren, angebracht scheine. Dieser Bitte wurde bislang nicht stattgegeben.

Als letzte realistische Möglichkeit, Peltier doch noch aus dem Gefängnis zu bekommen, bleibt wohl nur eine Begnadigung durch den Präsidenten der Vereinigten Staaten. Der US-Präsident hat als Staatsoberhaupt in begründeten Fällen das Recht, eine Begnadigung auszusprechen. Ein solcher Gnadenakt des Präsidenten würde die sofortige Freilassung Peltiers nach sich ziehen. 1993 reichte der ehemalige US-Justizminister Ramsey Clark offiziell den Antrag auf *Executive Clemency* (Begnadigung durch den Präsidenten) im Weißen Haus ein. Normalerweise dauere es sechs bis neun Monate, bis man eine Antwort des Präsidenten erhalte, so das *Leonard Peltier Defense Committee*. Inzwischen sind sechs Jahre vergangen, und die einzige Reaktion aus dem Weißen Haus ist ein vorgedruckter Brief mit der Unterschrift Bill Clintons, in dem steht, daß das Justizministerium den Fall prüfe. Leonard Peltier wartet noch immer auf eine Entscheidung.[104]

## Öffentlichkeit

Spätestens nachdem alle juristischen Mittel ausgeschöpft waren, war klar, daß man an der Situation Leonard Peltiers nur etwas ändern könne, wenn es gelingen würde, öffentlichen Druck zu erzeugen. Die Fakten, die Hintergründe und die teilweise haarsträubenden Fragwürdigkeiten im Fall Peltier mußten an die Öffentlichkeit gebracht werden.

Der in Deutschland weniger bekannte, in den USA jedoch sehr populäre Schriftsteller Peter Matthiessen, der unter anderem Träger der wohl bedeutendsten literarischen Auszeichnung in den Vereinigten Staaten ist, des *National Book Award*, hatte sich Anfang der achtziger Jahre des Falles Peltier angenommen. 1983 legte er sein umfangreiches Buch *In the Spirit of Crazy Horse* vor, eine erstklassig recherchierte und geschriebene Darstellung der komplexen Hintergründe und Ereignisse des Falles Peltier. Bis heute ist das wohl die gründlichste Aufarbeitung der Geschehnisse vor, während und nach der Schießerei auf dem Jumping-Bull-Gelände.

Zwei Monate nachdem Matthiessens Buch erschienen war, verklagte William Janklow, der ehemalige Gouverneur von Süd-Dakota, den Autor und seinen Verlag (*Viking Press*) auf Schadensersatz in Höhe von 24 Millionen Dollar. Das Buch enthalte unwahre Aussagen und üble Nachrede, so sein Vorwurf. Einige Monate später erhob *Special Agent* David Price vom FBI eine weitere Schadensersatzklage gegen Matthiessen und die *Viking Press* in Höhe von 25 Millionen Dollar. David Price war einer der FBI-Agenten, die Myrtle Poor Bear verhört hatten. Die Schadensersatzforderungen beliefen sich damit auf eine Gesamtsumme von 49 Millionen Dollar. Wären diese beiden Klagen durchgekommen, hätte das wohl den Ruin von Peter Matthiessen und seines Verlages bedeutet. Und eine umfangreiche Darstellung des Falles Peltier wäre damit wahrscheinlich auf unabsehbare Zeit verhindert gewesen – kein Autor und keine Autorin hätte wohl riskiert, sich finanziell vollständig zu ruinieren.

Nach der Formulierung der Schadensersatzforderungen folgte ein acht Jahre dauernder Rechtsstreit, der durch alle Instanzen des amerikanischen Gerichtssystems ging. Anfang der neunziger Jahre, nachdem bereits mehrere Gerichtsurteile gefällt und alle angefochten worden waren, entschied der *Supreme Court*, daß das Buch keine Verleumdung oder nachweislich unwahre Behauptung enthalte. Matthiessen konnte aufatmen, die Gefahr des Ruins war abgewendet. Sein Buch konnte nun endlich ohne Behinderung im Buchhandel vertrieben werden und entwickelte sich in den darauffolgenden Jahren zu einem Bestseller. Peter Matthiessen war es mit diesem Buch tatsächlich gelungen, Peltiers Geschichte in die Öffentlichkeit zu tragen.

Inzwischen hat der Hollywood-Regisseur Michael Apted den Fall Peltier in zwei Filmen verarbeitet. Zum einen hat er einen gut recherchierten Dokumentarfilm mit dem Titel *Incident at Oglala* (Zwischenfall bei Oglala) gedreht, der leider in den großen deutschen Kinos und im deutschen Fernsehen nicht gezeigt wurde. Eine deutsche Bearbeitung dieses Dokumentarfilms liegt bislang nicht vor. Zum anderen drehte er einen auf der Geschichte des *American Indian Movement* und Versatzstücken des Falles Peltier basierenden Spielfilm, der jedoch eine fiktive Handlung mit fiktiven Akteuren zum Inhalt hat. Der Film, eine klassische Hollywood-Produktion mit Schauspielstars wie Val Kilmer und Graham Greene in den Hauptrollen, lief in deutschen Kinos unter dem Titel *Halbblut*. In diesem Film wird die aus Angst und Gewalt bestehende Atmosphäre der siebziger Jahre auf Pine Ridge gut wiedergegeben, nur leider erfahren die uninformierten Zuschauer nichts über die reale Geschichte Peltiers.

Die Öffentlichkeitsarbeit der letzten Jahre zeigt Wirkung. Inzwischen haben sich Menschen aus allen Teilen der Erde für eine Begnadigung Peltiers ausgesprochen. Unter ihnen befinden sich so prominente Persönlichkeiten wie die Friedensnobelpreisträger Nelson Mandela, Rigoberta Menchu und der Dalai Lama, oder Hollywood-Stars wie Robert Redford, Oliver Stone, Marlon Brando und Harry Belafonte. Aber auch unzählige »einfache« Bürger haben Petitionen für Peltier unterzeichnet. Inzwischen seien weltweit mehr als 20 Millionen Unterschriften gesammelt worden, gibt Bobby Castillo an, einer der Sprecher des *Leonard Peltier Defense Committee.*[105]

Auch internationale Vereinigungen wie *Amnesty International* oder die *International Commission of Jurists* setzen sich für einen Gnadenakt ein. Das Europäische Parlament verabschiedete 1994 eine Resolution für die Begnadigung Peltiers. Auch in den einzelnen europäischen Staaten haben Politiker ihre Stimme für Peltier erhoben. Abgeordnete der deutschen, französischen, niederländischen, italienischen und österreichischen Parlamente fanden sich in parteiübergreifenden Gruppen zusammen, um Briefe an US-Präsident Clinton zu schreiben. Leonard Peltier wurde in der Zwischenzeit mit dem Menschenrechtspreis der spanischen Menschenrechtskommission ausgezeichnet und war 1992 als Kandidat für den Friedensnobelpreis nominiert. Auf eines wartet er trotz all dieser Bemühungen bislang allerdings vergeblich: seine Freilassung.

# Epilog

Trotz der unermüdlichen Arbeit unzähliger Unterstützungsgruppen ist der Fall des indianischen Bürgerrechtlers Leonard Peltier in Deutschland relativ unbekannt. Geht man die Ausgaben der letzten zwanzig Jahre des Nachrichtenmagazins *Der Spiegel* durch, so findet man keinen einzigen größeren Beitrag über Peltiers Odyssee durch die verschiedenen Gerichtsinstanzen der Vereinigten Staaten. Dabei lesen sich die Akten, FBI-Dokumente und Gerichtsprotokolle dieses Falles streckenweise wie ein Krimi. Manches, was im Zusammenhang mit dem Fall Peltier geschehen ist, mag man kaum glauben.

Wenn man beispielsweise die seltsame Rolle der angeblichen »Augenzeugin« Myrtle Poor Bear betrachtet, ist man geneigt zu glauben, Oliver Stone würde hier einen Verschwörungsthriller inszenieren. Und wenn sich am Ende herausstellt, daß das »vielleicht wichtigste Beweismittel« der Staatsanwaltschaft, Peltiers AR-15-Gewehr, gar nicht die Tatwaffe war, dann hofft man, daß ein Anwalt von John Grisham die Bühne betritt und der Gerechtigkeit zum Sieg verhilft. Doch in der Realität trat kein juristisch versierter Romanheld eines Bestsellerautors auf den Plan – Peltier wurde für schuldig befunden und muß, falls er nicht vorher vom Präsidenten der USA begnadigt wird, bis zum Jahr 2041 in den Zellen eines Hochsicherheitsgefängnisses verbringen. Bei seiner

Entlassung wäre er dann 97 Jahre alt und hätte 60 Jahre seines Lebens hinter Gittern verbracht.

Ich bin diesem seltsamen Fall zum ersten Mal vor einigen Jahren begegnet, als ich mich auf eine Forschungsreise zu Lakota-Indianern in den USA vorbereitet habe. Die spärlichen Informationen, die im deutschsprachigen Raum zu Peltiers Fall zu finden waren, hinterließen mehr Fragen als Antworten. Da mein Forschungsinteresse zunächst nicht diesem Fall galt, habe ich nicht weiter nach Informationen gesucht, sondern mich auf die wissenschaftliche Vorbereitung meiner Reise konzentriert. Ich wollte über die sozioökonomische Situation der Einwohner des Pine-Ridge-Reservats in Süd-Dakota und deren Versuche des politisch-kulturellen Widerstands arbeiten. Sehr bald mußte ich feststellen, daß dieses Thema auf das engste mit dem Fall Peltier verbunden ist.

Schon im Vorfeld der Reise habe ich damals Günther Wippel kennengelernt, einen engagierten Menschenrechtler, der sich seit Jahren für die Belange indigener Kulturen einsetzt. Er war unter anderem Mitglied im Bundesvorstand der »Gesellschaft für bedrohte Völker«, gemeinsam mit Dennis Banks koordinierte er vor Jahren den *European Freedom Run*, einen Lauf indianischer Bürgerrechtler durch mehrere Länder Europas, mit dem auf die Situation indigener Ureinwohner hingewiesen werden sollte, und er war einer der Organisatoren des *World Uranium Hearings*, das 1992 in Salzburg stattfand. In ihm hatte ich einen profunden Kenner der energiepolitischen Dimensionen des indianischen Widerstands als Gesprächspartner gefunden. Bald wurde deutlich, daß die Komplexe Uranabbau und politisch-kultureller Widerstand indigener Völker miteinander verwoben sind. Und beide Komplexe bilden den Hintergrund des Falles Peltier.

In der Pine-Ridge-Reservation habe ich dann hautnah die bedrückende Atmosphäre der Perspektivlosigkeit und Armut erleben müssen, die das Leben der meisten Reservationsbewohner prägt. Arbeitslosigkeit, Alkoholismus und Armut zermürben die Lakota-Indianer. Ted Means dürfte mit seiner Einschätzung richtig liegen, daß die schlimmsten Folgen dieser Situation wohl mentaler Art seien. Das kollektive Selbstvertrauen der indianischen Gemeinden in Pine Ridge ist arg lädiert. Die meisten Reservationsbewohner haben sich mit einem Leben als Almosenempfänger abgefunden. »Das einstmals stolze Volk der Lakota wurde zu schwachen, geistig und finanziell abhängigen Menschen«, faßt Ted Means diese Entwicklung zusammen.

Daran etwas zu ändern, den Menschen wieder Selbstvertrauen zu geben, war das erklärte Ziel der »wütenden jungen Männer«, die in den späten sechziger Jahren das *American Indian Movement* gründeten. Anfangs noch primär auf soziale Hilfe ausgerichtet, radikalisierte sich die junge indianische Bewegung recht schnell. Dies zeigte sich in den spektakulären Aktionen, die in der 72 Tage dauernden Besetzung von Wounded Knee gipfelten. Doch nicht nur solche militanten Aktionen zeigen, wie sich das *American Indian Movement* radikalisiert hatte, sondern auch in Forderungen der indianischen Aktivisten und Aktivistinnen nach ihrer Anerkennung als souveräne Nationen war eine deutliche Radikalisierung zu erkennen.

In Gesprächen auf der Reservation kam ich immer wieder auf diesen Punkt zu sprechen, doch meine Gesprächspartner sahen es nicht so, daß solche Forderungen ihrer eigenen Sache geschadet haben. Leola One Feather, Mutter von vier Kindern und Lebensgefährtin des bekannten Medizinmannes Leonard Crow Dog, reagierte recht unwirsch: »Sie sollen uns unser Land zurückgeben, jeden einzelnen Flecken, und dann können wir verhandeln. Wem gehörte denn dieses ganze Land? Es gehörte uns.« Das war eine typische Situation bei Gesprächen mit Bewohnern von Pine Ridge. Leola One Feather ist eine sehr warmherzige Frau, eine längere Zeit konnte ich bei ihr und ihrer Familie leben – nur wenn sie auf diesen Punkt angesprochen wurde, reagierte sie barsch. Die Tatsache, daß die USA niemals alles Land zurückgeben können und daß es sinnvoller wäre, sich auf die Einforderung vertraglich zugesicherter Rechte zu konzentrieren, schien sie nicht zu interessieren.

Es waren derartige Forderungen, die eine Konfrontation mit der US-Regierung vorprogrammierten. Diese wiederum reagierte sogleich mit der ganzen Kraft ihres staatlichen Gewaltmonopols. »Anstatt die legitimen Anliegen der Indianer sorgfältig abzuwägen, antwortete man mit gleichsam militärischen Mitteln«, sagt Gerald Heaney, der Richter, der 1986 eine Neuverhandlung des Falles Peltier abgelehnt hatte und der sich inzwischen für eine Begnadigung Peltiers einsetzt.[106] Nachdem der Teufelskreis der Gewalt erst einmal in Gang gekommen war, forderte er seinen Tribut. Die Gewalt gipfelte schließlich am 26. Juni 1975 in dem Feuergefecht auf dem Jumping-Bull-Gelände. Leonard Peltier wurde danach aufgrund fragwürdiger Indizien für den Tod der beiden Bundespolizisten verantwortlich gemacht. »Die Regierung mußte ein Exempel statuieren. Es hätte jeden von uns treffen können. Jeden, der damals zufällig zur falschen Zeit am falschen Ort war. Wäre mein Bruder Russ, wäre Dennis Banks oder wäre ich damals auf dem Jumping-Bull-Gelände gewesen, würde jetzt vielleicht einer von uns in einer dieser Zellen sitzen«, sagt der von der Unschuld Peltiers überzeugte Ted Means.

Am Ende angelangt, gilt es noch einmal zu betonen, daß es nicht darum geht, Peltiers Unschuld zu beweisen. Niemand weiß, wer die beiden FBI-Agenten wirklich getötet hat. Und gerade deshalb, weil niemand weiß, wer für den Tod der beiden Agenten verantwortlich ist, müßte der rechtsstaatliche Grundsatz *in dubio pro reo* – im Zweifel für den Angeklagten – hier greifen. Da alle juristischen Mittel ausgeschöpft sind, bleibt nur die Möglichkeit eines Gnadenaktes durch den Präsidenten der USA. Dabei geht es gar nicht um Gnade. Könnte zweifelsfrei bewiesen werden, daß Peltier die beiden FBI-Agenten kaltblütig ermordet hat, dann säße er zu Recht sein Leben lang hinter Gittern. Dann – und nur dann –, also nur, wenn Peltiers Schuld zweifelsfrei bewiesen wäre, würde sich die Frage nach Gnade stellen. Denn man kann nur jemandem Gnade gewähren, der schuldig geworden ist. Die *International Commission of Jurists, Amnesty International*, das Europäische Parlament, der ehemalige US-Justizminister Ramsey Clark und Parlamentsabgeordnete aus verschiedenen Ländern der Welt, auch der USA, stellen nicht die Frage nach Gnade, sondern nach Gerechtigkeit und Rechtmäßigkeit. Denn wenn nicht zweifelsfrei bewiesen werden kann, daß Peltier der Mörder dieser beiden Agenten ist, dann befindet er sich zu Unrecht seit nunmehr 24 Jahren im Gefängnis. Und wenn Peltiers Schuld nicht bewiesen werden kann, dann ist seine Freilassung kein Gnadenakt, sondern ein schlichter Akt der Gerechtigkeit und Rechtsstaatlichkeit.

# Anmerkungen

## Prolog

1 Die Darstellung der Ereignisse des 26. Juni 1975 basiert auf Ausführungen des *Leonard Peltier Defense Committees* (vgl. dazu im Internet: http://www.freeleonardpeltier.org; auf Peter Matthiessens Darstellung in: Ders.: *In The Spirit of Crazy Horse. The Story of Leonard Peltier and the FBI's War on the American Indian Movement*, New York 1983; auf Cornel Faltin: *Nr. 89 637-132 – der Märtyrer der Indianer*, in: Hamburger Abendblatt, 8. November 1995, S. 3; auf Ausführungen von Jim Vander Wall und Ward Churchill in: Dies.: *Agents of Repression. The FBI's Secret Wars against the Black Panther Party and the American Indian Movement*, Boston 1988; auf Kurt Kister: *Der letzte Märtyrer von Wounded Knee*, in: Süddeutsche Zeitung, 2./3. Dezember 1995, S. 3 und auf persönlichen Gesprächen, die ich mit Bewohnern von Pine Ridge geführt habe, vor allem mit Ted Means, Leola One Feather, Dorothy Sun Bear und Elmer Bear Eagle.

2 Zitiert nach: Peter Matthiessen: *In the Spirit of Crazy Horse*, a.a.O., S. 209.

3 Zitiert aus einem Schreiben der *International Commission of Jurists* an Präsident Bill Clinton vom 18. April 1995 (Aktenzeichen Ref. 2/146/6).

4 Zitiert nach: Cornel Faltin: *Nr. 89 637-132 – der Märtyrer der Indianer*, in: Hamburger Abendblatt, 8. November 1995, S. 3.

5 Das Weiße Haus antwortete auf das Gnadengesuch mit einem vorgedruckten Brief, in dem stand, daß das Justizministerium den Fall prüfen werde. Eine inhaltliche Reaktion, im Sinne einer Begnadigung oder Ablehnung des Gnadengesuchs, erfolgte bislang nicht.

6 Zitiert nach: Gerhardt Plott: *»Die letzte Hoffnung ist ein Gnadenakt Clintons«*, in: Der Standard, 19./20. Nov. 1994.

# Erster Teil

## 1. Wie alles begann

7 Kurt Kister: *Der letzte Märtyrer von Wounded Knee*, in: Süddeutsche Zeitung, 2./3. Dezember 1995, S. 3.

8 Zitiert aus dem Internet: http://itsoch.hypermart.net/recall.htm.

9 Vgl. zur Darstellung der Auseinandersetzung in Milwaukee, die zur Anklage wegen versuchten Mordes führte: Kurt Kister: *Der letzte Märtyrer von Wounded Knee*, in: Süddeutsche Zeitung, 2./3. Dezember 1995, S. 3.

10 Vgl. dazu: Axel Schulze-Thulin: *Weg ohne Mokassins. Die Indianer Nordamerikas heute*, Düsseldorf 1976, S. 259.

11 http://www.freeleonardpeltier.org/page4.htm.

12 Zitiert nach: Peter Matthiessen: *In the Spirit of Crazy Horse*, a.a.O., S. 148.

13 Vgl. dazu die ganzseitige Annonce der »Federal Bureau of Investigation Agents Association«, die in den Zeitungen *Washington Post* und *Indian Country Today* am 26. Oktober 1994 erschienen ist. Im Internet zu finden unter: http://www.dickshovel.com/FBIAD.htm.

14 Während Bernd Peyers darauf hinweist, daß das AIM nicht von wenigen charismatischen Führungspersönlichkeiten gegründet wurde, betont Axel Schulze-Thulin die Gründungsleistung von Dennis Banks, Clyde Bellecourt und George Mitchell. Vgl.: Axel Schulze-Thulin: *Weg ohne Mokassins*, a.a.O., S. 272 und Bernd Peyers: *Wer hat Angst vor AIM?*, in: Wolfgang Lindig (Hg.): Indianische Realität. Nordamerikanische Indianer in der Gegenwart, München 1994, S. 68.

15 Schulze-Thulin: *Weg ohne Mokassins*, a.a.O., S. 265f.

16 Zitiert nach: Hartmut Lutz et al. (Hg.): *Achte Deines Bruders Traum! Gespräche mit nordamerikaischen Indianern 1978-1985*, Osnabrück 1986, S. 124.

17 Ingrid Wurche: *Sozialökonomische und politische Wurzeln des gegenwärtigen Widerstandes der Reservationsindianer in den USA und Kanada*, Berlin 1987, S. 155.

18 Wurche: *Sozialökonomische und politische Wurzeln*, a.a.O., S. 156.

19 Zitiert nach: Lutz et al. (Hg.): *Achte Deines Bruders Traum!*, a.a.O., S. 124.

20 Mary Crow Dog, Richard Erdoes: *Lakota Woman*, New York 1990, S. 34.

21 Zitiert nach: Peter Matthiessen: *In the Spirit of Crazy Horse*, a.a.O., S. 36.

22 Zitiert nach: Lutz et al. (Hg.): *Achte Deines Bruders Traum!*, a.a.O., S. 105.

## 2. Erste Aktionen

23 Jim Vander Wall, Ward Churchill: *Agents of Repression. The FBI's Secret Wars against the Black Panther Party and the American Indian Movement*, Boston 1988, S. 419.

24 Die im Jahr 1919 gegründete *American Legion* ist eine militant anti-kommunistische Gruppierung, die nach Angaben von Professor Richard Gid Powers von der New Yorker Universität »beängstigende Ähnlichkeiten« mit den deutschen Freikorps der Weimarer Republik aufwies. Vgl.: Richard Gid Powers: *Die Macht im Hintergrund. J. Edgar Hoover und das FBI*, München 1988, S. 75.

25 Claus Biegert: *Die Sioux heute*, in: Royal B. Hassrick: Das Buch der Sioux, Köln 1982, S. 355.

26 Aus: Bernd Peyers: *Wer hat Angst vor AIM?*, a.a.O., S. 65.

27 Birgil Kills Straight: *AIM ... What is it?*, aus dem Internet: http://www.dickshovel.com/AIMdeclara.htm.

28 First International Treaty Council: *Erklärung über die fortbestehende Unabhängigkeit der souveränen indianischen Nationen von 1974*, in: Pogrom, Sonderausgabe: Indianer sprechen, Nr. 50/51, Oktober 1977, S. 76-78.

29 Lakota Treaty Council: *Wir sind keine US-Bürger*, in: Pogrom, Sonderausgabe: Indianer sprechen, Nr. 50/51, Oktober 1977, S. 83.

30 Lutz et al. (Hg.): *Achte Deines Bruders Traum!*, a.a.O., S. 127f.

### 3. Fokussierung auf die Pine-Ridge-Reservation

31 Bernd Peyers: *Wer hat Angst vor AIM?*, a.a.O., S. 67.

32 Vgl. dazu: Schulze-Thulin: *Weg ohne Mokassins*, a.a.O., S. 89.

33 Claus Biegert: *Die Sioux heute*, a.a.O., S. 353.

34 Vgl. dazu: Bernd Peyers: *Wer hat Angst vor AIM?*, a.a.O., S. 67.

35 Vgl. zu den Ereignissen der Schlacht am Little Big Horn River die romanhafte Darstellung von Frederik Hetman: *Der Rote Tag. Bericht über die Schlacht am Little Big Horn River zwischen den Sioux und Cheyennes und der US-Kavallerie unter General Armstrong Custer*, Reinbek bei Hamburg 1992.

36 Günther Wippel: *Nuklearer Kolonialismus contra Ureinwohner*, in: Gesellschaft für bedrohte Völker (Hg.): »Unsere Zukunft ist eure Zukunft« Indianer heute, Hamburg, Zürich 1992, S. 57.

37 Vgl. dazu: Elisabeth Kumi: *Selbstorganisation und Widerstand*, in: Gesellschaft für bedrohte Völker (Hg.): Indianer heute, a.a.O., S. 65.

38 Vgl. dazu: Wall, Churchill: *Agents of Repression*, a.a.O., S. 130.

### 4. Im Teufelskreis der Gewalt

39 Zitiert nach: Matthiessen: *In the Spirit of Crazy Horse*, a.a.O., S. 61.

40 BIA (Hg.): *We're not Your Indians anymore*, S. 34.

41 Schulze-Thulin: *Weg ohne Mokassins*, a.a.O., S. 258.

42 Schulze-Thulin: *Weg ohne Mokassins*, a.a.O., S. 257.

43 Ellen Moves Camp, zitiert aus: Akwesasne Notes: *Voices from Wounded Knee 1973*, New York 1974, S. 31.

44 Vgl. dazu: Matthiessen: *In the Spirit of Crazy Horse*, a.a.O., S. 68.

45 Schulze-Thulin: *Weg ohne Mokassins*, a.a.O., S. 254f.

46 Akwesasne Notes: *Voices from Wounded Knee*, a.a.O., S. 112.

47 Brandos Rede, die von Sacheen Little Feather verlesen wurde, zitiert nach: Schulze-Thulin: *Weg ohne Mokassins*, a.a.O., S. 9f.

48 Zitiert nach: Wall, Churchill: *Agents of Repression*, a.a.O., S. 161.

### 5. Eskalation

49 Schulze-Thulin: *Weg ohne Mokassins*, a.a.O., S. 259.

50 Schulze-Thulin: *Weg ohne Mokassins*, a.a.O., S. 260.

51 Lawrence Grobel: *Gespräche mit Marlon Brando*, Weinheim, Berlin 1993, S. 101.

52 Vgl. zu der Liste der Terrorakte: Wall, Churchill: *Agents of Repression*, a.a.O., S. 185f.

53 Zitiert nach: Matthiessen: *In the Spirit of Crazy Horse*, a.a.O., S. 128.

54 Die Beschreibung des Überfalls am Pine-Ridge-Flugplatz folgt im wesentlichen der Darstellung von Wall und Churchill. Vgl.: Wall, Churchill: *Agents of Repression*, a.a.O., S. 186.

55 Angaben aus dem Internet: http://www.freeleonard-peltier.org/page4.htm, Stand: 2.3.99.

56 Vgl. zur Erhöhung der Polizeipräsenz die Angaben des *Leonard Peltier Defense Committees*: http://www.freeleonard-peltier.org/page4.htm, Stand: 2.3.99.

57 Vgl. ebd.

58 Vgl. ebd.

## Zweiter Teil

### 1. Nach dem Feuergefecht

59 Zitiert nach: Kenneth S. Stern: *Loud Hawk. The United States versus the American Indian Movement*, Oklahoma 1994, S. 25.

60 Zitiert nach: Matthiessen: *In the Spirit of Crazy Horse*, a.a.O., S. 209.

61 Zitiert nach: Kenneth S. Stern: *Loud Hawk*, a.a.O., S. 25.

62 Zitiert nach: Kenneth S. Stern: *Loud Hawk*, a.a.O., S. 25f.

63 Vgl. zu der Erstürmung des Grundstücks von Leonard Crow Dog die Darstellung von Peter Matthiessen: *In the Spirit of Crazy Horse*, a.a.O., S. 224-231.

64 Federal Bureau of Investigation Agents Association: *Dear Mr. President: Leonard Peltier murdered two FBI-Agents. He deserves no Clemency*, erschienen in der *Washington Post* und

*der Indian Country Today*, jeweils am 26. Oktober 1994. Im Internet einzusehen unter: http://www.dickshovel.com/FBIAD.htm.

65 In der oben zitierten Anzeige der Federal Bureau of Investigation Agents Association: *Dear Mr. President: Leonard Peltier murdered two FBI-Agents. He deserves no Clemency* ist zu lesen, daß im ausgebrannten Wagen »die Tatwaffe und das von Coler gestohlene Gewehr« gefunden worden seien.

66 Vgl. zu diesem Vorfall die detaillierte Beschreibung bei Peter Matthiessen: *In the Spirit of Crazy Horse*, a.a.O., S. 249-251.

67 Lawrence Grobel: *Gespräche mit Marlon Brando*, a.a.O., S. 101 (die Gespräche sind 1978 geführt worden).

68 Kenneth S. Stern: *Loud Hawk*, a.a.O., S. 318f.

69 Lawrence Grobel: *Gespräche mit Marlon Brando*, a.a.O., S. 101.

70 Der Fall Anna Mae Aquash wurde in vielen Publikationen geschildert. In der folgenden Darstellung orientiere ich mich im wesentlichen an der wohl jüngsten Veröffentlichung von Kenneth Stern und an Angaben des *Anna Mae Aquash Archive* des *American Indian Movement*. Vgl.: Kenneth S. Stern: *Loud Hawk*, a.a.O., S. 93-98 und das *Anna Mae Aquash Archive* im Internet: http://www.dickshovel.com/AIMIntro.htm.

71 Peter Matthiessen gibt an, daß die Bestattung am 2. März 1976 stattgefunden habe. Vgl.: Peter Matthiessen: *In the Spirit of Crazy Horse*, a.a.O., S. 256.

72 Kenneth S. Stern: *Loud Hawk*, a.a.O., S. 94.

## 2. Die Gerichtsverhandlungen

73 Das Schreiben einer Gruppe von Bundestagsabgeordneten an US-Präsident Bill Clinton datiert vom 29.06.1995. Es ist von Rudolf Bindig, Angelika Köster-Loßack, Gerd Poppe, Dr. Irmgard Schwaetzer und Ludger Vollmer unterzeichnet. Der Brief liegt dem Autor als Kopie vor.

74 Kurt Kister: *Der letzte Märtyrer von Wounded Knee*, in: Süddeutsche Zeitung, 2./3. Dezember 1995, S. 3.

75 Zitiert nach: Peter Matthiessen: *In the Spirit of Crazy Horse*, a.a.O., S. 327.

76 Myrtle Poor Bears eidesstattliche Aussagen sind im Internet zu finden unter: http://itsoch.hypermart.net/mpb.htm.

77 Peter Matthiessen: *In the Spirit of Crazy Horse*, a.a.O., S. 340.

78 http://itsoch.hypermart.net/mpb.htm.

79 Zitiert nach: Peter Matthiessen: *In the Spirit of Crazy Horse*, a.a.O., S. 343.

80 Wahrscheinlich meinte Poor Bear die drei eidesstattlichen Erklärungen, als sie sagte, sie wurde gezwungen, »diese beiden Papiere« zu unterschreiben. Der Sinnzusammenhang der Äußerungen im Kreuzverhör legt dies nahe – die ganze Zeit ist von »den Erklärungen« die Rede.

81 Zitiert nach: Peter Matthiessen: *In the Spirit of Crazy Horse*, a.a.O., S. 345.

82 Zitiert nach: Peter Matthiessen: *In the Spirit of Crazy Horse*, a.a.O., S. 352.

83 Siehe Fußnote 73.

84 Zitiert nach: Peter Matthiessen: *In the Spirit of Crazy Horse*, a.a.O., S. 358.

85 Kurt Kister: *Der letzte Märtyrer von Wounded Knee*, a.a.O., S. 3.

### 3. Die Rolle des FBI

86 Richard Gid Powers: *Die Macht im Hintergrund. J. Edgar Hoover und das FBI*, München 1988, S. 481.

87 Vgl. dazu: Richard Gid Powers: *Die Macht im Hintergrund*, a.a.O., S. 374.

88 Ross Gelbspann: *Break-ins, Death Threats and the FBI. The Covert War against the Central America Movement*, Boston 1991, S. 223.

89 Wall, Churchill: *Agents of Repression*, a.a.O., S. XII.

90 Zitiert nach: US Government Printing Office: *US Senate Select Committee to Study Governmental Operations, Intelligence Activities and the Rights of Americans*. Book II, Washington, D. C., 1976, S. 66.

91 Vgl. zum Einbruch in das FBI-Büro in Pennsylvania und den Folgen: Richard Gid Powers: *Die Macht im Hintergrund*, a.a.O., S. 515-518.

92 Zitiert nach: Richard Gid Powers: *Die Macht im Hintergrund*, a.a.O., S. 374f.

93 Vgl.: http://www.freeleonardpeltier.org/page4.htm.

94 Ross Gelbspann: *Break-ins, Death Threats and the FBI*, a.a.O., S. 223.

95 Kurt Kister: *Der letzte Märtyrer von Wounded Knee*, a.a.O., S. 3.

96 Dieses Zitat stammt aus einer Rede, die Ramsey Clark am 20. Juni 1997 vor der Jahresversammlung der *Native American Journalists Association* gehalten hat. Die Rede ist im Internet zu finden unter: http://www.dickshovel.com/clark.htm.

97 Zitiert aus: *Entschließung zur Begnadigung von Leonard Peltier*, Resolution e) B4-0499, 0542 und 0357/94, vom Europäischen Parlament angenommen am 15. Dezember 1994.

## 4. Im Gefängnis

98 Vgl. zum »Standing-Deer-Komplott«: Wall, Churchill: *Agents of Repression*, a.a.O., S. 354-361 (The Plot to Assassinate Leonard Peltier), sowie Peter Matthiessen: *In the Spirit of Crazy Horse*, a.a.O., S. 374-404.

99 *Indianerführer auf der Flucht. Organisation bittet ausländische Botschaften um Asyl*, Frankfurter Rundschau, 24. Juli 1979.

100 Vgl. dazu die Angaben des *Leonard Peltier Defense Committees* im Internet: http://www.freeleonardpeltier.org/page8.htm.

101 Ebd.

## 5. Das juristische Tauziehen

102 Diese FBI-Dokumente können in Auszügen beim *Leonard Peltier Defense Committee* (LPDC) gegen einen geringen Unkostenbeitrag bezogen werden. Bestellungen des *FBI Files Booklet* sollten an folgende Adresse gerichtet werden: LPDC, P.O. Box 583, Lawrence, KS 66044, USA.

103 Vgl.: http://www.freeleonardpeltier.org/page3.htm.

104 Der zeitliche Ablauf und die Darstellung des »juristischen Tauziehens« um eine Neuverhandlung des Falles Leonard Peltier folgte, wo nicht anders angegeben, einer Chronologie des *Leonard Peltier Defense Committee*.

105 Zitiert nach: Gerhard Plott: »*Die letzte Hoffnung ist ein Gnadenakt Clintons*«, in: Der Standard, 19./20. November 1994

## Epilog

106 Zitiert nach: Kurt Kister: *Der letzte Märtyrer von Wounded Knee*, a.a.O., S. 3.

Die englischsprachigen Zitate wurden vom Autor ins Deutsche übersetzt.

Das Eingangszitat von Dennis Banks ist zitiert nach: Claus Biegert: *Die Sioux heute*, in: Royal B. Hassrick: Das Buch der Sioux, Köln 1982, S. 353.

# Anhang

# Gefangener Krieger

## Interview mit Leonard Peltier

Aus: Boulder Weekly, 9.-15. März 2000
Interviewer: Ben Corbett

**Frage: Diese Woche war ziemlich viel los bei Ihnen.**

Peltier: Yeah, ich hatte Besuch von Rigoberta Menchu, das war eine große Ehre. Das war ein sehr erfolgreicher Besuch. Ich wußte gar nicht, daß Nobelpreisträgerinnen so ein Gewicht beigemessen wird. Auf ihre Meinung wird Wert gelegt. Vor kurzem hat sie mit dem Justizministerium über meinen Fall gesprochen. Ich kenne Rigoberta seit Anfang der 80er Jahre, als sie im Treaty Council arbeitete. Es war gut, sie endlich einmal persönlich kennenzulernen. Bisher hatten wir nur telefoniert. Sie ist eine gute Lady. Sie hat viel durchgemacht.

**Frage: Über was haben Sie geredet?**

Peltier: Es ging um ihre Überlegungen, welche Strategie sie anwenden könnten, um mich herauszuholen. Um eine Fortsetzung der Bemühungen, Koalitionen zu bilden. Nach ihrem Treffen im Justizministerium in Washington, D.C., hielt sie eine Pressekonferenz ab. Über 300 nationale Organisationen waren vertreten und zeigten sich solidarisch mit ihren Bemühungen, mich aus dem Gefängnis zu holen. Es war ein riesiger Erfolg für uns. Schließlich wollen wir erreichen, daß sich viele Stämme zusammenschließen, um, unter anderem, ein Schreiben zu verfassen, mit dem meine Begnadigung verlangt wird.

**Frage: Wie geht es Ihnen damit, wie die Dinge zur Zeit stehen?**

Peltier: Na ja... ich sehe noch kein Licht am Ende des Tunnels. Politiker sind solche Schlitzohren, daß man einfach nie weiß, woran man ist. Wenn sie erst einmal an der Macht sind, kannst du nicht mehr viel von ihnen erwarten. Sie vergessen all ihre Versprechungen. Sie lassen sich von den armen Leuten wählen, aber danach vergessen sie die armen Leute wieder ganz schnell. Als Clinton vor sieben Jahren Präsidentschaftskandidat war, wurde er von seinen Wählern gefragt: »Was gedenken Sie für Leonard zu tun?« Und er antwortete: »Ich werde mir den Fall ansehen.« Sieben Jahre ist das jetzt schon her, und es ist immer noch nichts geschehen. Wir wissen, daß der Federal Pardon Attorney, der Vorsitzende des Begnadigungsausschusss, in seiner ersten Amtszeit eine Begnadigung empfahl. Das Schreiben landete im Büro der Justizministerin Janet Reno. Und dort liegt es noch immer. Einige Leute haben mit Clinton über mich gesprochen, er kennt den Fall. Peter Matthiessen hat ihn besucht, Thom White Wolf, der Leiter der United Methodist Church, war bei ihm. Im letzten Jahr kam Clinton zum Pine Ridge Reservat, und dort konnte er meine Unterstützer, die auf Transparenten meine Freilassung forderten, gar nicht übersehen. Doch Harold Salway (Präsident des Stammes der Oglala) vertraute mir an, daß Clinton ihn beiseite genommen und gefragt hatte: »Wer ist eigentlich Leonard Peltier?« Also, ich würde sagen, wenn solche Dinge erzählt werden, sieht es nicht gut für mich aus, oder?

(...)

**Frage: Seit wann stellt das FBI Nachforschungen über Sie an?**

Peltier: Das ist schwer zu sagen. Ich hab noch nicht all meine Akten vom FBI bekommen, die ich aufgrund des Freedom of Information Act angefordert hatte. Aber ich bin ihnen seit Fort Lawton in Seattle [1970] bekannt. Ich war dabei, als die Fort Lawton Militärbasis besetzt wurde, ungefähr ein Jahr nach der Besetzung der Insel Alcatraz. Die Akten derjenigen, die festgenommen wurden, gingen ans FBI. Ich hatte mich sehr engagiert, und ich hatte mich auch eingesetzt, als die Indian Community sich gegen den Vietnam Krieg organisierte. Es sind jetzt Unterlagen aufgetaucht, die beweisen, daß ich bereits damals observiert wurde.

**Frage: War das alles bereits eine Kampagne des FBI gegen das American Indian Movement?**

Peltier: Ja. Aber nicht nur gegen das AIM. Es gab zu der Zeit viele Organisationen, die genauso aktiv waren. Die United Tribes of All Indians [Vereingung aller indianischen Stämme], deren Mitbegründer ich bin, war eine sehr mächtige Organisation. Es gibt sie seit 1970. Sie führte nur nicht so spektakuläre Aktionen durch wie AIM. AIM stand im Rampenlicht.

**Frage: Warum wurden Ihnen die Tode nach der Schießerei 1975 angehängt?**

Peltier: Während der Verfahren fanden wir heraus, daß sie auf keinen Fall jemanden von der Pine Ridge Reservation anklagen wollten. Sie suchten jemanden, der angeblich »Agitation von außen« betrieb. So kamen sie auf mich, meinen Vetter Bob Robideau, meinen Freund Darrel [Dino] Butler und natürlich Jimmy Eagle. Tatsächlich haben wir – mein Vetter Bob und ich – Lakota-Vorfahren. Von daher sind wir eigentlich keine Außenstehenden. Aber so versuchten sie uns darzustellen. »Da kommen diese Reiseagitatoren vom AIM hier rein und bringen zwei unserer Agenten um!« Dann klagten sie uns an. Das Verfahren gegen Darrell und Bob fand in Cedar Rapids statt. Sie hatten außerordentliches Glück, denn sie hatten einen Richter, der sein Amt und seinen Schwur sehr ernst nahm und sich um ein gerechtes Verfahren bemühte. Er hätte viel mehr Beweise zulassen können, aber ihm war klar, daß dies für die Regierung sehr negative Folgen gehabt hätte. Aber einige ließ er zu, und das reichte. Die Geschworen hörten sie und sagten sich: »Moment mal, hier stimmt etwas nicht. Diese Männer sind nicht für den Tod der Agenten verantwortlich.« Sie waren ja genau wie ich als Todesschützen angeklagt. Und wenn sie geschossen hatten, dann taten sie es aus Notwehr. Die Agenten Williams und Coler hatten angegeben, daß sie dort waren, weil sie Jimmy Eagle wegen Entführung und Diebstahl suchten. Diese Version verbreitete das FBI über die Medien in alle Welt. Aber schließlich wurde er nur für das Stehlen von Cowboystiefeln angeklagt.

Wir denken, ihnen war bekannt, daß Dennis Banks da sein würde, davon bin ich überzeugt. Außerdem hat uns der damalige GOON-Truppenführer Duane Brewer erzählt, daß sie wußten, daß das Haus von Jumping Bull ein AIM Hauptquartier war. Sie wollten es stürmen, ebenso wie ein anderes Haus in Kyle. In Pine Ridge wimmelte es nur so von ihren Agenten. Sie wollten diese Häuser angreifen, unterstützt durch geheimdienstliche Informationen und finanzielle Mittel des FBI, panzerbrechende Munition und Spezialwaffen. Wir wissen auch, daß an verschiedenen Orten rund um die Reservation gepanzerte Truppentransporter warteten, jederzeit bereit, einzugreifen.

(...)

**Frage: Wie unterschied sich das Robideau-Butler-Verfahren von Ihrem?**

Peltier: Sie wurden nicht daran gehindert, über den Terror und die Morde, die Armut und die anderen Mißstände in Pine Ridge zu reden. Und sie wurden freigesprochen, weil sie in Notwehr gehandelt hatten. Unglücklicherweise wurde mein Fall von Kräften, die uns unbekannt blieben, aus Cedar Rapids abgezogen, und man suchte sich dann einen passenden Richter dafür. Wir wissen zwar, welche Dienststelle das war, nämlich das Justizministerium, aber wir wissen nicht, welche Personen im Justizministerium das betrieben haben. Wahrscheinlich die Direktoren. Viele Richter lehnten ab. Aber Richter Benson nahm den Fall an und war bereit, mit der Regierung zusammenzuarbeiten und eine Verurteilung anzustreben.

**Frage: War das Ihr erstes Verfahren?**

Peltier: Das war mein erstes Verfahren. Die Geschworenen waren alle 50, 60, 70jährige weiße Amerikaner aus North Dakota, die ihr ganzes Leben lang nichts anderes gehört hatten, als daß Indianer faule und unnütze Säufer sind. Ich mußte einfach schuldig sein, denn sonst hätte mich das FBI ja gar nicht festgenommen. Außerdem sind wir ja Säufer. Das war im wesentlichen meine Jury. Und es wurde mir nicht gestattet, mich dagegen zur Wehr zu setzen. Die Regierung bekam fünf Wochen Zeit, ihre Beweise ins Verfahren einzuführen. Sie waren sogar in der Lage, eine Tatwaffe zu präsentieren. Sie konnten mich auf gesetzeswidrige Weise beschuldigen, der Besitzer dieser Waffe zu sein. Und ich hatte nur eineinhalb Tage Zeit, den Gegenbeweis anzutreten. Alles weitere wurde als für das Verfahren unbedeutend zurückgewiesen. Kaum rief ich einen Zeugen auf, lehnte ihn der Richter als irrelevant ab. Um meine Auslieferung aus Kanada zu erwirken, benutzten sie die eidesstattliche Erklärung von Myrtle Poor Bear. Wir wollten Poor Bears Vater und ihre Schwester als Zeugen aufrufen. Beide hätten ausgesagt, daß Myrtle geistig zurückgeblieben ist, daß sie lügt, daß sie zu dem Zeitpunkt überhaupt nicht in meiner Nähe war und mich darüber hinaus noch nicht einmal kannte. Ihre Schwester sagte dann auch tatsächlich aus, aber natürlich nicht in Anwesenheit der Geschworenen. Später kam Myrtle zu uns und erzählte uns, was ihr passiert war. Sie sagte, daß sie Todesdrohungen erhalten hatte, daß sie von US-Marshalls und vom FBI eingeschüchtert wurde und nur aus Angst mit ihnen kooperierte und gegen mich aussagte.

**Frage: Lief das Berufungsverfahren auch so ab?**

Peltier: Ihre entscheidendsten Beweise gegen mich waren die ballistischen Gutachten. Ich legte zweimal Berufung ein. Während der ersten Berufung beanstandete ich zwölf Verfahrensfehler, die automatisch zur Aufhebung führen – das waren Verstöße gegen die Verfassung. Die Richter waren Gibson, Ross, glaube ich, mein Gedächtnis läßt nach, und... wie hieß nochmal dieser FBI-Direktor? Webster. Damals wußten wir das noch nicht, aber sie hatten [Richter] Webster bereits gefragt, ob er die Nominierung des FBI annehmen würde. Natürlich hat er das getan. Anschließend wurde er seltsamerweise mit meinem Fall beauftragt. Er hörte sich unsere mündlichen Argumente und alles an, und plötzlich erfuhren wir durch unsere Kontakte in Washington, D.C., daß Webster schon Monate zuvor die Ernennung des FBI angenommen hatte. Wir protestierten und wollten eine neue Anhörung. Wir wollten ein ganz neues Richtergremium, doch nur ein Richter wurde ausgewechselt, und Webster hatte seine Hand dabei im Spiel: Er berief den Richter, der ihn ersetzen sollte. Sie bestätigten erneut das Urteil wegen Mord ersten Grades. Sie sagten: »Wir befinden Sie des Mordes für schuldig, aufgrund des entscheidenden Beweises gegen Sie, und das ist die Tatwaffe."

**Frage: Es handelte sich dabei um die in einem Auto verbrannte und bis zur Unkenntlichkeit zerstörte AR-15?**

Peltier: Yeah. Ich reichte einen Antrag im Rahmen des Freedom of Information Act ein und erhielt Tausende von Unterlagen. In zwei Dokumenten stieß ich auf die Aussage, daß mit dem Schlagbolzen der Tatwaffe ein Test durchgeführt wurde. Dieser Test fiel negativ aus. Ich legte Beschwerde ein. Richter Benson lehnte die Beschwerde ab. Also zog ich mit meiner Beschwerde vor Gericht. Das Gericht verwarf Bensons Entscheidung und ordnete 1984 eine beweiserhebende Anhörung an. Es ging um einen Schußwaffen-Experten, Evan Hodge, der eine Falschaussage gemacht hatte – das ist eine Tatsache, das ist nicht nur ein »Vorwurf von Leonard Peltier«. Das konnten wir in der Anhörung von 1984 beweisen. Er hatte in Bobs und Dinos Verhandlung falsch ausgesagt. Er machte in meiner Anhörung und in meiner Verhandlung eine falsche eidesstattliche Aussage. Er sagte aus, daß die Waffe so stark beschädigt war, daß er keinen Test durchführen konnte. Unter Eid sagte er aus, daß nur er und sein Assistent, Joe Twardovsky, Zugang zu den ballistischen Protokollen hatten, die in einem Safe aufbewahrt wurden.

Nur widerwillig gewährte uns Richter Benson einen Graphologen und vertagte die Verhandlung, bis dieser die Unterlagen geprüft hatte. Ich ging also runter in die Verwahrzelle, und mein Anwalt sagte noch zu mir: »Wir kommen gleich nach.« Meine Verteidiger waren damals Kunstler, Bruce Ellison und Lew Gurwitz. Ich saß also in der Zelle und wartete; drei, vier Stunden vergingen. Ich wartete und wartete. Schließlich schaute ich aus einem kleinen Fenster und sah meinen Anwalt, er lachte und ballte die Faust zum Zeichen des Triumphs. Sie kamen in die Zelle und erzählten mir, was passiert war: Staatsanwalt Crooks war mit Joe Twardovsky und Evan Hodge den Gerichtsflur hinuntergegangen. Er hatte Evan Hodge gefragt: »Evan, dies ist doch Ihre Handschrift, oder?« Und Evan hatte geantwortet: »Nein, das ist die von Joe. Stimmt's, Joe?« Und Joe hatte sich herumgedreht und gesagt: »Nein, das ist doch Ihre, Evan, oder?« Schließlich hatte Crooks ihn unterbrochen – das ist jetzt Crooks Version, also die des Staatsanwalts – und gefragt: »Also, wessen ist es denn nun?« Und dann mußten sie ganz schnell den Richter ausfindig machen – der Richter wohnt in Fargo und fährt immer auf geheimen Routen, denn viele hassen ihn, und man hat Angst, daß ihn jemand umbringen könnte [Peltier lacht]. Ich sage nicht, einer von uns Indianern, jedermann hier käme in Frage. Es gibt genügend Crack-Dealer und Steuerhinterzieher, niemand kann ihn leiden. Auf jeden Fall hatte er kein Funkgerät in seinem Wagen. Geheimhaltung und so. Sie mußten ihm also mit dem Auto nachjagen, 150 Meilen pro Stunde (lacht), und als sie ihn fanden, sagten sie zu ihm: »Sie müssen sofort zurückkommen." Sie brachten ihn zurück und hatten eins dieser kleinen Meetings, und sie riefen Evan Hodge erneut in den Zeugenstand. Der Staatsanwalt fragte ihn: »Ist dies Ihre Handschrift?« Und Evan antwortete: »Nein, ich habe mich versprochen.« Und das war alles, was er sagen mußte, um ein Verfahren wegen Falschaussage gegen sich abzuwenden.

Die Anhörung wurde für zehn Tage ausgesetzt und die Sachverständigen fanden nicht nur eine fremde Handschrift, sondern noch zwei weitere. Insgesamt drei. Sie können sie sich anschauen. Ich hab sie mir angeschaut, und ich habe einen ziemlich guten Blick für solche Sachen. Sie waren fast identisch. Fünf Leute mit fast der gleichen Handschrift – das ist doch ein unglaublicher Zufall! Wissen Sie, ich glaube, daß sie die Handschrift von Hodge und seinem Assistenten kopierten. Selbst die Marshalls meinten: »Jetzt müssen sie dich freilassen, denn dies ist ihr wichtigstes Beweisstück gegen dich.« Aber Richter Benson lehnte das mit den Worten ab, Evan Hodges Aussage sei in Ordnung, denn immerhin sei er freiwillig in den Zeugenstand zurückgekehrt. Darum wurde seine Aussage als glaubwürdig gewertet.

**Frage: Haben Sie Berufung gegen das Urteil eingelegt?**

Peltier: Wir gingen in Berufung und hatten eine Anhörung in St. Paul, Minnesota. Während dieser Anhörung unterlief William Kunstler ein folgenschwerer Fehler zu meinen Ungunsten. Wir schrieben das Jahr 1985, und Richter Heaney fragte: »Hatte Norman Brown (ein Navajo vom AIM, der 1975 bei der Schießerei dabei war) nicht ausgesagt, daß er Leonard Peltier in der Nähe der Autos der FBI-Agenten gesehen hatte? Und wenn dem so ist, meinen Sie, daß der Angeklagte jetzt nicht mehr auf nicht schuldig, sondern auf Notwehr plädiert?« Kunstler antwortete: »Ja, Norman Brown hat dazu ausgesagt.« Natürlich war die Staatsanwaltschaft hocherfreut. Sie konnte nicht glauben, daß Kunstler solch eine Dummheit beging. Und ich war zu dem Zeitpunkt nicht im Gerichtssaal, sondern hier im Besucherraum. Einer meiner anderen Anwälte hier aus der Gegend brachte mir ein Band von der Anhörung mit, und so konnte ich genau hören, was Kunstler gesagt hatte. Ich ging zurück und rief Bill Kunstler an. Ich sagte: »Bill, das war ein Fehler.« Er antwortete: »Ach, mach dir keine Sorgen, das hat keine Bedeutung.« Richter Heaney erzählte mir später, daß er das Urteil nicht aufgehoben hatte, weil Kunstler Norman Browns Zeugenaussage, mich in der Nähe der Autos gesehen zu haben, bestätigt hatte. Bevor er starb, gab Bill Kunstler die eidesstattliche Erklärung ab, daß er damit einen schweren Fehler begangen habe. Es war ein technischer Fehler. Aufgrund eines technischen Fehlers sitze ich für den Rest meines Lebens im Gefängnis. Aufgrund eines technischen Fehlers werde ich womöglich im Gefängnis sterben.

**Frage: Warum mußte das FBI überhaupt Beweismaterial für das erste Verfahren fälschen?**

Peltier: Warum? Sie haben das volle Gewicht der US-Regierung in die Waagschale geworfen, um eine Verurteilung zu erreichen. Sie wollten um jeden Preis jemanden dafür dingfest machen. Während meiner zweiten Berufung 1985 veröffentlichte das 8. Bezirksberufungsgericht eine zweiseitige rechtliche Stellungnahme. Diese Stellungnahme besagte, daß entlastendes Beweismaterial zurückgehalten worden war. Es gab also einen Beweis, der für meine Unschuld sprach, er lag nur nicht vor. Es handelte sich um die Tatwaffe. Zeugen der Regierung begingen Meineid. Das FBI beging ein Vergehen. Und der Richter irrte sich in seinen Entscheidungen, was mich in der Konsequenz daran hinderte, eine Verteidigung aufzubauen. Das sind vier verfassungsrechtlich relevante Punkte. Aber weil das FBI politischen Druck ausübte, und weil es eine überwältigende Kontrolle über die Gerichte hat, wurde das Bagley-Urteil in die Argumentation aufgenommen, um mir mein [Berufungs-] Verfahren zu verweigern. Das Bagley-Urteil ist eine Entscheidung des Supreme Court, des Obersten Gerichtshofs der Vereinigten Staaten, bei dem *Möglichkeit* gegen *Wahrscheinlichkeit* abgewogen wurde. Aber merkwürdigerweise wurde kurz vor meinem Fall ein fast identischer verhandelt, und sie entschieden genau andersherum. Ganz genau andersherum. Das zeigt, wie groß der Einfluß des FBI auf die Gerichte ist. Den anderen Typ ließen sie unter Berufung auf das Bagley-Urteil frei. Dann kam mein Fall, es war der nächste Fall, und sie machten eine Kehrtwendung. Und deshalb sitze ich wegen eines weiteren technischen Details immer noch im Gefängnis. Die Justiz hat es nicht nur so gedreht, daß du kein gerechtes Verfahren mehr bekommst, sondern jetzt verlangen sie auch noch von dir, deine Unschuld zu beweisen. Wie soll man in einem Fall wie meinem die Unschuld beweisen? Das ist unmöglich. In diesem Land ist es so eingerichtet, daß armen Menschen keine Gerechtigkeit widerfährt. Diese Taktiken wenden sie nicht bei hochkarätigen Anwälten an. Aber Pflichtverteidiger, die wissen nicht, wie sie damit umgehen sollen. Menschen, die in Armut leben, wissen nicht, wie sie gegen dieses System kämpfen sollen. Die Regierung der Vereinigten Staaten kann heutzutage einfach daherkommen und dich wegen irgend etwas anklagen, und du selber mußt dann deine Unschuld beweisen. Das steht nicht in der Verfassung der Vereinigten Staaten. Aber so läuft das hier mit dem rechtsgerichteten, faschistischen, konservativen Scheißdreck in diesem Land. Die Leute wollen das nicht wahrhaben, sie wollen nicht aufwachen und sehen, was hier wirklich los ist.

**Frage: Warum, glauben Sie, passiert das alles?**

Peltier: Big business. Kontrolle. Sie wollen mehr Kontrolle. Mehr Macht. Es geht um die Weltherrschaft. Die Regierung der Vereinigten Staaten ist eine sehr rachsüchtige Regierung. Sie hat immer schon grausame Taten begangen. Während des Ersten Weltkrieges, des Zweiten Weltkrieges, Vietnam, Korea, es gab unzählige Massaker. Werfen Sie einen Blick auf die Geschichte der amerikanischen Indianer, und Sie werden feststellen, daß es viele Massaker überall im Land gab, die klar belegt sind. Und wann immer sie eine Niederlage einstecken mußten – wie am Little Big Horn zum Beispiel –, sannen sie die nächsten 200 Jahre auf Rache, das geht bis in unsere Zeit. Sie wollen sich immer noch an uns für ihre gefallenen Soldaten rächen. Im Justizsystem ist es dasselbe. Sie müßten ein totaler Schwachkopf sein, wenn sie nicht einige der Sachen glauben würden, die ich über dieses

Justizsystem sage. Wir wissen, daß es eine ganze Menge Skandale bei der Polizei in Philadelphia gibt. Ebenso in Los Angeles, in Massachusetts, in Michigan... Nennen Sie mir einfach eine Stadt, und ich werde Ihnen Fakten nennen, daß die Polizei dort Menschen unschuldig ins Gefängnis steckt. Oder sie manchmal auch tötet. Ist das so schwer zu verstehen? Doch nur dann, wenn Sie in Ihrem Unterbewußtsein glauben, daß die Polizei eigentlich ganz richtig handelt und daß sie weitermachen soll mit ihrem Krieg gegen die Armut und mit der Beseitigung von Minderheiten und Armen in diesem Land. Denn das ist ja genau das, was sie machen. Zur Zeit sitzen zwei Millionen Menschen im Gefängnis. Zwei Millionen. Ich hab mir Urteile angeschaut, über die ich nur noch staunen kann. Sogar Geschworene werden bestochen. Von der Bundesregierung. Aber die Menschen draußen, die unterliegen einer unglaublichen Gehirnwäsche. Man muß echt ein Schwachkopf sein, wenn man weiterhin alles glaubt. Es passiert genau vor deinen Augen. Du siehst, wie sie einen Typen mit 19 Kugeln töten. Einem anderen Typen jagen sie 41 Kugeln in den Körper! Und sie sagen immer noch »Ja ja, aber das war gerechtfertigt.« Und jedem ist klar, daß die Bullen glimpflich davonkommen werden.

**Frage: Viele sprechen von Ihnen als von einem politischen Gefangenen. Sehen Sie das auch so?**

Peltier: Yeah. Natürlich. Ich bin ein politischer Gefangener. Ich bin ein politischer Aktivist. Ich kämpfe in einem Krieg, der seit 200 Jahren gegen mein Volk geführt wird. Und ich werde weitermachen. Ich habe meine Feinde. Ich habe innerhalb und außerhalb meines Volkes Feinde. In meinem eigenen Volk gibt es Menschen, die genauso schlecht sind wie der Feind. Nicht alle Indianer sind gute Menschen. Es gab Indianer, die arbeiteten als Späher und führten den

Feind in die Dörfer, wo er Frauen und Kinder tötete. Ihre eigenen Leute.

**Frage: Meinen Sie, daß alle Gefangenen, die mittellos sind oder einer Minderheit angehören, politische Gefangene sind?**

Peltier: Na ja, soweit würde ich nicht gehen, einige dieser Menschen haben auch schwere Straftaten begangen. Meiner Meinung nach ist ein politischer Gefangener jemand, der für die Rechte und die Freiheit seines oder ihres Volkes eintritt und nur aus diesem Grund im Gefängnis sitzt. Die Meinungen darüber gehen aber auseinander.

**Frage: Sind für Sie die Nationen der amerikanischen Indianer getrennt von den Vereinigten Staaten?**

Peltier: Ja, es sind getrennte Nationen. Wir kämpfen Nation gegen Nation. Souverän gegen Souverän. Aber zurück zu der anderen Frage. Einige Leute glauben, daß diejenigen, die ein unfaires Urteil bekamen oder in Schnellverfahren abgeurteilt wurden, politische Gefangene sind. Ich glaube, es wäre ungerecht, das so zu sehen. Und ich glaube auch, daß das in gewisser Weise eine politische Frage ist... Na ja, für Staatsanwälte in jedem Fall, denn je mehr Verurteilungen sie vorweisen, desto höher können sie klettern auf der Leiter. Aber ich bin nicht der Meinung, daß jeder Gefangener ein politischer Gefangener ist. Es fällt mir schwer, jemanden einen politischen Gefangenen zu nennen, der seinen Brüdern und Schwestern auf der Straße Drogen verkauft hat und dann in einem Hauruckverfahren ins Gefängnis kam. Aber wenn der Typ ungerecht behandelt wurde, dann muß das wiedergutgemacht werden. Wenn die Justiz ihn nicht fair behandelt hat, dann muß er ein neues Verfahren bekommen. So sehe ich das.

(...)

**Frage: Sie sind 24 Jahre im Gefängnis. Wieso wird Ihnen eine Begnadigung verweigert?**

Peltier: Ich weiß es nicht. Ich weiß es wirklich nicht. Das ist eben die Sache. Ich weiß nur soviel: Peter Coyote, das ist ein Schauspieler aus Hollywood – ich kenne Peter seit der Hippie-Zeit –, war ein Delegierter aus California für Clintons ersten Präsidentschaftswahlkampf. Bekanntermaßen wurde Clinton gewählt. Und sie riefen all die Delegierten zusammen und fragten jeden einzelnen, welchen Wunsch ihnen der Präsident erfüllen könne als Dankeschön für den erfolgreichen Wahlkampf. Peter Coyote sagte: »Also gut, ich möchte mit der Justizministerin sprechen.« Er bekam keinen Termin bei Janet Reno, aber er traf sich mit einem ihrer hochrangigsten Mitarbeiter. Dem zweitwichtigsten Mann. Peter und er sprachen mehrere Stunden lang miteinander. Er legte ihm den ganzen Fall dar – er hat sich sehr gut über meinen Fall informiert – und sagte: »Ich möchte, daß Sie gegenüber Leonard Peltier Gnade walten lassen. Das ist meine Bitte.« Der Typ sagte zu Peter: »Ich melde mich bei Ihnen.« Zwei Wochen später rief er Peter wieder an und sagte: »Wissen Sie was, Peter, ich will aufrichtig zu Ihnen sein. Als Sie mir all die Sachen über Leonards Fall erzählten, hielt ich Sie für einen dieser linksgerichteten Fanatiker.« Und er sagte weiter: »Ich hab alles überprüft, was Sie mir erzählt haben, und Sie haben vollkommen recht, es ist alles wahr. Aber leider ist Leonard Peltier eine sehr mächtige Person, und deshalb wollen sie ihn nicht aus dem Gefängnis lassen.« Das ist alles, was ich dazu sagen kann.

**Frage: Während Ihrer Haft sind Sie ein Symbol geworden für alle indigenen Völker, die von ihren Regierungen unterdrückt werden. Wie finden Sie das?**

Peltier: Ich habe davon gehört... Ich weiß nicht... Ich habe davon gehört. Das ist ein ziemlich hohes Podest, auf das ich da gestellt werde. Vor allem, wenn man gar nicht an so etwas gedacht oder darauf hingearbeitet hat. Ich hoffe nur, daß ich mein Volk nicht enttäusche, sollte ich hier jemals herauskommen. Ich hoffe, daß ich mich dieser Ehre immer würdig erweisen werde. Viele Leute schreiben mir. Ein paar indianische Frauen haben mir erzählt, daß sie mich nach meiner Entlassung zum »Häuptling der Häuptlinge« (lacht) machen wollen. Sie sind schon dabei, Organisationen dafür zu gründen. Wissen Sie, das ist eine ganz schöne Ehre. Aber ich persönlich kann keinen Unterschied feststellen zu dem Leonard Peltier, der vor 24 Jahren hier hereinkam. Ich benehme mich nicht anders. Und ich hoffe, daß sich das bis zu meinem Lebensende auch nicht ändern wird. Ich hoffe, daß der Status, den sie mir gegeben haben, meinem Volk nützt. Sonst hat es sich nicht gelohnt.

---

## Aktueller Nachtrag

Am 12. Juni 2000 fand ein Termin vor dem Bewährungsausschuß in Anwesenheit einer Delegation von Amnesty International statt. Der Vorsitzende war Peltier offensichtlich wenig wohlgesonnen. Er sagte, auch wenn noch so viele Leute von Amnesty da wären, würde er nicht anders entscheiden: Die Aussetzung der Strafe wurde abgelehnt und Peltier mitgeteilt, er brauche nicht vor dem Jahr 2008 erneut vor dem Ausschuß zu erscheinen. Diese Entscheidung ist allerdings ungesetzlich. Peltier hat das Recht, jährlich einen Antrag zu stellen und wird das im Jahr 2001 wieder tun.

(lt. Leonard Peltier Defense Committee Denver, Colorado, vom 19. Juni 2000)

# Kleine Chronik des indianischen Widerstands

## Die Zeit der Indianerkriege

**1675**
Die Stämme der nordamerikanischen Ostküste gründen eine Konföderation, um gegen die weißen Siedler vorzugehen. Der erste Indianerkrieg beginnt.

**1676**
In der Schlacht von Rhode Island werden die konföderierten Indianer vernichtend geschlagen.

**1763-1766**
Indianeraufstand unter Führung des Ottawa-Häuptlings Pontiac.

**1776-1783**
Amerikanischer Unabhängigkeitskrieg gegen die englische Kolonialmacht. Formulierung der amerikanischen Unabhängigkeitserklärung.

**1824**
Gründung des *Bureau of Indian Affairs* (BIA), der für Indianerangelegenheiten zuständigen US-Behörde.

**1849-1861**
Widerstandskämpfe der Cheyenne und Comanche in Texas.

**1850-1886**
Mehrere Aufstände der Apache, teilweise unter Führung des berühmten Kriegshäuptlings Geronimo.

**1855-1856**
»US-Strafexpedition« gegen die Lakota in Nebraska.

**1857**
Lakota-Aufstände in Minnesota und Iowa.

**1858**
Großer US-Feldzug gegen die Indianerstämme nördlich von Washington.

**1858-1860**
»US-Strafexpeditionen« gegen mehrere Indianerstämme, vor allem die Wichita, Kiowa und Comanche.

**1861-1865**
Bürgerkrieg der Südstaaten gegen die Nordstaaten der USA.

**1862-1866**

Kriegerische Auseinandersetzungen mit den Lakota in Minnesota und Süd-Dakota.

**1868**

Vertrag von Fort Laramie zwischen den USA und den Lakota, in dem die Black Hills den Lakota für alle Zeiten zugesprochen werden.

**1876**

Am 25. Juni 1876 endet die berühmte Schlacht am Little Big Horn River mit der vollständigen Vernichtung der 7. US-Kavallerie. Unter der Führung von Crazy Horse und Sitting Bull bereiten Lakota und Cheyenne den US-Truppen die wohl schmerzlichste Niederlage in der Geschichte der sogenannten Indianerkriege.

**1876-1879**

Im Gefolge der Schlacht am Little Big Horn River finden mehrere große US-Feldzüge gegen die Cheyenne und Lakota statt.

**1887**

Das »Dawes-Gesetz« tritt in Kraft. Mit diesem Gesetz wird das traditionell kollektiv genutzte Stammesland in Parzellen aufgeteilt und an die Indianer als Privatbesitz übergeben. Damit ist die klassische Struktur der Stammesorganisation aufgebrochen.

**1888**

Erstes Auftreten der Geistertanzbewegung des alten Paiute-Indianers Wovoka. Diese neue Heilslehre verbreitet sich unter den entrechteten Prärie-Indianern wie ein Lauffeuer.

**1890**

Am 13. Dezember 1890 wird der alte Lakota-Medizinmann Sitting Bull in Kanada erschossen.

**1890**

Am 29. Dezember 1890 werden in der Nähe von Wounded Knee etwa 300 unbewaffnete Indianer von der 7. US-Kavallerie niedergeschossen (Massaker von Wounded Knee).

Mit dem Massaker von Wounded Knee, so wird gemeinhin dargestellt, enden die Indianerkriege.

**1924**

Durch das »Snyder-Gesetz« erhalten alle Indianer den Status von Staatsbürgern der USA.

# Die indianische Bürgerrechtsbewegung und der Fall Leonard Peltier

**1968**

Gründung des *American Indian Movement* (AIM) in Minneapolis.

**1969-1971**

Besetzung der ehemaligen Gefängnisinsel Alcatraz in der Bucht von San Francisco. Als Führungspersönlichkeit der Besetzung wird der Mohawk-Indianer Richard Oaks anerkannt.

**1971**

Unter der Leitung von Russell Means besetzen einige Lakota unter Berufung auf den Vertrag von Fort Laramie (1868) den Mount Rushmore.

Eröffnung der ersten *Survival-School.*

**1972**

»Yellow-Thunder-Fall«: Am 20. Februar 1972 wird in Gordon (Nebraska) der 51jährige Lakota Raymond Yellow Thunder von mehreren weißen Männern grundlos mißhandelt und ermordet. Die Mörder werden nur des »Totschlags zweiten Grades« angeklagt und gegen eine geringe Kaution freigelassen. Auf Initiative des *American Indian Movement* findet ein Protestmarsch und die Besetzung der Stadt Gordon statt.

**1972**

Am 20. September 1972 wird Richard Oaks, der Führer der Alcatraz-Besetzung, während eines Waldspaziergangs ermordet. Der Täter wird freigesprochen, da Oaks ihn »angesprungen« habe.

Der *Trail of Broken Treaties* (Fährte der gebrochenen Verträge) findet im Oktober 1972 statt. Der Marsch beginnt in Minnesota und endet mit der Besetzung der BIA-Zentrale in Washington. Der US-Regierung wird ein »20-Punkte-Plan« vorgelegt.

**1973**

Am 23. Januar 1973 wird der 20jährige Lakota Wesley Bad Heart Bull in der kleinen Stadt Buffalo Gap (Süd-Dakota) erstochen. Der Mörder wird gegen eine geringe Kaution freigelassen. Anfang Februar findet eine Protestaktion indianischer Aktivisten in Custer (Süd-Dakota) statt, um Gerechtigkeit für den ermordeten Bad Heart Bull einzufordern.

**1973**

Am 26. Februar 1972 beschließen die Stammesältesten von Pine Ridge, das *American Indian Movement* um Hilfe zu bitten, um der zunehmenden Gewalt auf der Reservation Einhalt zu gebieten.

1973

Vom 27. Februar bis zum 9. Mai 1973 hält eine Gruppe bewaffneter Indianer den kleinen Ort Wounded Knee (Süd-Dakota) besetzt. Die US-Regierung entsendet kleine Panzer, Helikopter, Granatwerfer und Marshalls, FBI-Agenten und BIA-Polizisten.

1974

Januar: Beginn der »Wounded-Knee-Prozesse« gegen etwa 300 angeklagte Indianer. Alle Anklagen enden mit Freispruch oder werden fallengelassen.

1974

Am 16. September 1974 weist Richter Fred J. Nichols die Anklage gegen die beiden Hauptbeschuldigten Dennis Banks und Russell Means in allen Punkten ab.

1975

Im Gefolge der Wounded-Knee-Besetzung eskaliert die Gewalt in der Pine-Ridge-Reservation.

1975

Anfang April unterzeichnen die Stammesältesten von Pine Ridge eine Resolution, in der das *American Indian Movement* erneut um Hilfe gebeten wird. Das AIM solle die traditionalistischen Indianer auf der Reservation schützen. Der Stammesratsvorsitzende von Pine Ridge, Richard Wilson, unterzeichnet am 25. Juni 1975 eine illegale Abtretung von Reservationsland an die USA.

1975

Am 26. Juni 1975 fahren die beiden FBI-Agenten Ronald Williams und Jack R. Coler zu dem AIM-Camp auf Pine Ridge. Es kommt zu einem wilden Feuergefecht, an dessen Ende die beiden FBI-Agenten und der AIM-Aktivist Joe Stuntz tot sind.

Vier AIM-Aktivisten werden des Mordes an den beiden FBI-Beamten angeklagt: Jimmy Eagle, Bob Robideau, Dino Butler und Leonard Peltier. Die vier Angeklagten tauchen unter.

Anfang Juli 1975 stellt sich Jimmy Eagle der Polizei.

1975

Im September 1975 werden Butler und Robideau festgenommen, Peltier taucht in Kanada unter, wo er am 6. Februar 1976 verhaftet wird.

1976

Am 24. Februar 1976 wird die Leiche von Peltiers Mitstreiterin Anna Mae Aquash auf der Pine-Ridge-Reservation gefunden.

1976

Im Juni und Juli 1976 findet in Cedar Rapids (Iowa) der Prozeß gegen Butler und Robideau statt. Das Gerichtsverfahren endet mit einem Freispruch für die beiden indianischen Aktivisten. Nach der Urteilsverkündung von Cedar Rapids wird die Anklage gegen Jimmy Eagle fallengelassen.

1977

Im März und April 1977 findet in Fargo (Nord-Dakota) der Prozeß gegen Peltier statt. Obwohl die Beweislage sich kaum von der des Butler/Robideau-Prozesses unterscheidet, wird Peltier schuldig gesprochen und zu einer zweifachen lebenslangen Haftstrafe verurteilt. Nach der Urteilsverkündung wird er in das Hochsicherheitsgefängnis von Marion (Illinois) überführt.

1978

Der Antrag auf eine Berufungsverhandlung im Fall Peltier wird im September 1978 abgelehnt.

1979

Im Frühjahr 1979 wird Peltier in das Hochsicherheitsgefängnis von Lompoc (Kalifornien) verlegt.

1979

Am 20. Juli 1979 versucht Peltier, zusammen mit zwei indianischen Mitgefangenen aus der Haftanstalt auszubrechen. Einer seiner Komplizen wird bei dem Fluchtversuch erschossen, der andere von Sicherheitsbeamten gefaßt, noch bevor er den Gefängniskomplex verlassen kann. Lediglich Peltier gelingt die Flucht.

1979

Am 25. Juli 1979 wird Peltier von Polizisten gestellt und verhaftet.

1980

Im Februar 1980 wird Peltier wieder nach Marion verlegt.

1981

Im Rahmen des *Freedom of Information Act* werden 12 000 Seiten interner FBI-Dokumente offengelegt, die neue Zweifel an Peltiers Schuld aufwerfen.

1984

Eine Neuverhandlung des Falles Peltier wird ein zweites Mal abgelehnt.

1985

Im Sommer 1985 wird Peltier in das Hochsicherheitsgefängnis von Leavenworth (Kansas) überführt.

Bei einer gerichtlichen Anhörung sagt Lynn Crooks, der Staatsanwalt, der 1977 im Prozeß gegen Peltier die Anklage vertreten hat: »Wir wissen nicht, wer diese Agenten getötet hat.«

1986

Das 8. Bezirksgericht, das für Berufungsentscheidungen zuständig ist, gibt ausdrücklich zu Protokoll, daß im Prozeß gegen Peltier eindeutige Verfahrensmängel zu beanstanden seien. Die Prozeßführung des Vorsitzenden Richters wurde gerügt, und es wurde kritisch vermerkt, daß allem Anschein nach Zeugenaussagen erzwungen und Meineide geschworen worden seien. Eine Neuverhandlung des Falles Peltiers wird dennoch abgelehnt.

1987

Am 5. Oktober 1987 lehnt der *Supreme Court*, das höchste Gericht der USA, eine Neuverhandlung des Falles Peltier ab. Damit gibt es keine juristische Möglichkeit mehr, den Fall erneut vor einem Gericht zu verhandeln.

1989

Die US-Regierung gibt offiziell zu, daß die Zeugenaussagen, aufgrund derer Peltier von Kanada an die USA ausgeliefert wurde, »nicht ordnungsgemäß erstellt worden« seien.

1992

Leonard Peltier wird von indianischen Organisationen als Kandidat für den Friedensnobelpreis nominiert.

1993

Ramsey Clark, ein ehemaliger Justizminister der Vereinigten Staaten, reicht im Weißen Haus den Antrag auf *Executive Clemency* (Begnadigung durch den Präsidenten) ein. Eine Entscheidung über diesen Antrag steht noch aus.

1996

Nach einer Kieferoperation fällt Peltier in ein vierzehntägiges Koma. Bis heute leidet er an Kieferschmerzen und ist kaum in der Lage, normale Nahrung zu sich zu nehmen.

1998

Während einer Anhörung lehnt es die US-Kommission für Strafaussetzung erneut ab, Peltier auf Bewährung freizulassen. Ihm wird mitgeteilt, er solle es in zehn Jahren, im Jahr 2008, noch einmal versuchen.

1999

Am 7. Juli besucht Präsident Bill Clinton das Pine-Ridge-Reservat. Bewohner der Reservation demonstrieren für die Begnadigung Peltiers. Der mitgereiste schwarze Bürgerrechtler und Präsidentenberater Jesse Jackson verspricht, alles für Peltiers Freilassung zu tun, was in seiner Macht steht.

2000

Am 6. Februar begann für Peltier das 25. Jahr in Gefängnishaft.

# Weiterführende Literatur


Akwesasne Notes: Voices from Wounded Knee 1973, New York 1974

Biegert, Claus: Indianerschulen. Als Indianer überleben - von Indianern lernen. Survival Schools, Reinbek 1979

Biegert, Claus: Seit 200 Jahren ohne Verfassung. USA: Indianer im Widerstand, Reinbek 1983

Brown, Dee: Begrabt mein Herz an der Biegung des Flusses, München 1974

Burger, Julian: Die Wächter der Erde. Vom Leben sterbender Völker, Reinbek 1991

Crow Dog, Mary: Lakota Woman, New York 1990

Churchill, Ward (Hrsg.), Das indigene Amerika und die marxistische Tradition. Bremen, 1993

Deloria, Vine Jr.: Nur Stämme werden überleben, München 1976

Forbes, Jack D.: die Wétiko-Seuche. Eine indianische Philosophie von Aggression und Gewalt, Wuppertal 1984

Gelbspann, Ross: Break-ins, Death-Threats and the FBI. The Covert War against the Central America Movement, Boston 1991

Gesellschaft für bedrohte Völker (Hg.): »Unsere Zukunft ist eure Zukunft«, Indianer heute, Hamburg, Zürich 1992

Hassrick, Royal B.: Das Buch der Sioux, Köln 1982

Hetman, Frederik: Der Rote Tag. Bericht über die Schlacht am Little Big Horn River zwischen den Sioux und Cheyennes und der US-Karallerie unter General Armstrong Custer, Reinbek 1992

Lindig, Wolfgang (Hg.): Indianische Realität. Nordamerikanische Indianer in der Gegenwart, München 1994

Ludwig, Klemens: Bedrohte Völker. Lexikon nationaler und religiöser Minderheiten, München 1994

Lutz, Hartmut et.a. (Hg.): Achte Deines Bruders Traum! Gespräche mit nordamerikanischen Indianern 1978-1985, Osnabrück 1986

Matthiessen, Peter: In The Spirit of Crazy Horse. The Story of Leonard Peltier and the FBI's War on the American Indian Movement, New York 1983

Peltier; Leonard: Mein Leben ist mein Sonnentanz. Gefängnisaufzeichnungen, Frankfurt/M. 1999

Powers, Richard Cid: Die Macht im Hintergrund. J. Edgar Hoover und das FBI, München 1988

Schulze-Thulin, Axel: Weg ohne Mokassins. Die Indianer Nordamerikas heute, Düsseldorf 1976

Stern, Kenneth S.: Loud Hawk. The United States versus the American Indian Mocement, Oklahoma 1994

Talbot, Steve: Indianer in den USA. Unterdrückung und Widerstand, Berlin 1988

Vander Wall, Jim / Chuchill, Ward: Agents of Repression. The FBI's Secret Wars against the Black Panther Party and the American Indian Movement, Boston 1988

Wurche, Ingrid: Sozialökonomische und politische Wurzeln des gegenwärtigen Widertandes der Reservationsindianer in den USA und Kanada, Berlin 1987

## Internet-Adressen zum Fall Leonard Peltier:

http//:www.freeleonardpeltier.org

http://itsoch.hypermart.net.recall

http://www.dickshovel.com

http://www.iacenter.org

## Über den Autor

Martin Ludwig Hofmann, geb. 1972. Studium der Soziologie, Politikwissenschaft und Betriebswirtschaftslehre an der Universität Freiburg. Forschungsaufenthalte in Großbritannien und bei Lakota-Indianern in den USA. Nach dem Studium Tätigkeit als wissenschaftlicher Mitarbeiter am Institut für Soziologie der Universität Freiburg. Inzwischen arbeitet er als Texter in einer Werbeagentur.
Neben mehreren Beiträgen in Fachzeitschriften und Zeitungen veröffentlichte er die Bücher *Architektur und Disziplin* sowie *Siegfried Kracauer – Fragmente einer Archäologie der Moderne* (mit Tobias Korta).